블록체인·ICO·NFT·엔터테인먼트
제대로 알기

블록체인·ICO·NFT·엔터테인먼트 제대로 알기

1판 1쇄 발행 2022년 6월 10일

지은이 조상규

편집 유별리   마케팅 박가영   총괄 신선미

펴낸곳 하움출판사   펴낸이 문현광

이메일 haum1000@naver.com   홈페이지 haum.kr
블로그 blog.naver.com/haum1007   인스타 @haum1007

ISBN 979-11-6440-178-9 (13360)

블록체인·ICO
NFT·엔터테인먼트
제 대 로 알 기

조상규 지음

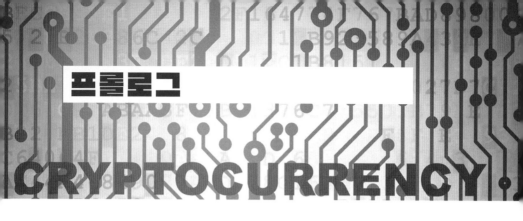

프롤로그

CRYPTOCURRENCY

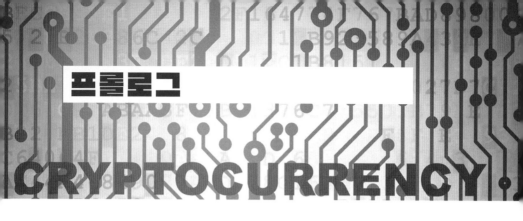

🅱 머리말

본서는 4차 산업혁명과 관련되어 저자가 지금까지 활동해온 블록체인, ICO 영역뿐만 아니라 '문화예술 저작권 분쟁의 숲에 가다.(2014, 겨리)' 출간 이후 누적된 저작권, IP, 엔터테인먼트 관련 법률실무 사례들과 함께 NFT 이슈까지 모두 아우르고 있습니다. 그래서 제목도 길어 보일 수 있지만 "블록체인·ICO·NFT·엔터테인먼트 제대로 알기"로 명명하였습니다. 4차 산업혁명의 중요성을 실감하고 있는 전문가들과 실무담당자들에게 블록체인, ICO, 저작권, IP, NFT, 엔터테인먼트를 연결하는 실전 지식을 제공하고 사업화를 통한 수익의 창출뿐만 아니라 분쟁 유형별 대응 방안 및 예방법을 제시하고자 기획하게 되었습니다.

저자가 생애 최초로 집필한 저서가 바로 '문화예술 저작권 분쟁의 숲에 가다.(2014, 겨리)'입니다. 첫 저서였던 만큼 고생하고 고민하며 판례도 철저히 분석하고 6개월 정도의 준비기간을 통해 출간을 하게 되었습니다. 하지만 책은 생각만큼 잘 팔리지 않았고, 저작권이라고 하는 핫한 아이템임에도 불구하고 초판 발행으로 생을 마감하고 말았습니다.

그 후 저작권, 콘텐츠 관련 법률실무를 꾸준히 진행하면서 저의 소중한 책이 발판이 되어 많은 실무사례들을 축적하게 되었고, 간간히 저의 저서를 구매하신 분들의 후기를 전해 듣게 되면서 언젠가는 나의 목소리로, 나의 실무노하우가 그대로 녹아 있는 살아 숨 쉬는 저작권 관련 저서를 다시금 써야겠다는 생각을 하면서 여러 해가 흘러갔고, 그 사이에 '김영란법 제대로 알기', '기업법무 제대로 알기', '외부감사인의 법적책임 제대로 알기', '재개발재건축 제대로 알기'를 출간해냈습니다.

그렇게 8년이라는 긴 시간동안 저자는 많은 경력과 노하우를 쌓게 되었고, 경희대 대학원 겸임교수 및 예술의 전당 전문위원 등을 거치며 셀수 없이 많은 저작권 특강들을 이어갔습니다. 이렇게 쌓아온 저의 지식들을 이제는 "제대로 알기"시리즈를 통해 다시금 탄생시켜야 할 때가 왔다고 판단했습니다. 이러한 결심에 불을 붙인 것은 저작권이 NFT와 연결되면서 4차 산업혁명의 핵심영역으로 급부상한 데 있습니다. 특허청의 NFT전문가 협의체 위원으로 활동을 시작하게 되면서 기존의 저서가 문화예술을 기반으로 한 저작권 서적이었다면 이번에는 4차 산업혁명과 블록체인, NFT까지 포섭하는 저작권 및 엔터테인먼트 이슈들을 다루면서 그간 수행했던 IP 관련 사례들을 설명 드리는 책을 선보여야겠다고 생각하게 된 것입니다. 특히, 본서는 저작권 보다는 NFT 시장에 선도적으로 접근하기 가장 적합한 영역인 엔터테인먼트 관련 주제들을 다룸으로서 타 저서들과의 차별화를 시도하였습니다.

🅑 제20대 대통령직 인수위원회 과학기술교육분과 법률총괄

저자는 2022. 3. 21. 출범한 제20대대통령직인수위원회의 과학기술교육분과에 법률총괄로 참여하여 각 부처의 업무보고에 배석하여 현안들을 파악할 수 있는 좋은 기회를 가진 바 있습니다. 인수위는 경제1, 경제2, 과학기술교육, 기획조정, 외교안보, 정무사법행정, 사회문화복지 등의 7개 분과로 구분되어 있었는데, 저는 금융전공의 변호사라 경제1 또는 정무사법행정에 참여하는 것이 일반적이었습니다. 하지만 특별히 과학기술교육분과로 신청하여 대한민국 4차 산업혁명의 중심에서 국가정책을 다루는 과정에 참여할 수 있었습니다.

저자가 속해 있는 분과에서 진행되는 과학기술정보통신부, 교육부의 업무보고만으로는 저자가 생각하는 4차 산업혁명과 관련한 제대로 된 정책들을 구상할 수 없다고 판단하고, 스스로 신청하여 경제1분과의 금융위원회, 경제2분과의 산업통상자원부, 특허청의 업무보고까지 들어가는 적극성을 발휘하였습니다. 업무보고를 듣고 나오면서 저자는 정말 제대로 된 정책은 부처 간 벽을 허물고 경직성을 배제한 바탕에서 나온다는 믿음에 또 한 번의 확신을 가지게 되었습니다. 인수위에서 변호사의 자격을 가지고 이러한 분야에 참여한 사람도 없었지만 과학기술교육, 경제1, 경제2를 넘나드는 광범위한 횡보를 한 사람도 지금까지 저자가 유일한 것으로 알고 있습니다. 저자는 창의와 인사이트, 통찰능력, 직관능력은 통섭과 복안, 멀티플레이에서 나온다고 믿고 있으며 지금 4차 산업혁명의 주요 과제를 해결할 능력도 바로 이러한 능력들이 전제가 되어야 한다고 믿고 있습니다.

일찌감치 본서를 탈고하였으나 인수위에서의 경험과 혜안을 본서에 첨가하고자 한 달 정도 출간을 늦춘 점에 대해 독자들에게 이 자리를 빌어 양해를 구합니다.

🅑 저자 스스로와의 약속과 향후 계획

저자는 본서를 써야겠다고 마음을 먹고 집필을 시작한지 2주 만에 초안을 탈고하였습니다. 무슨 책을 그렇게 빨리 쓰는지 모두들 의아해합니다. 하지만 이렇게 빨리 쓴 책이 저는 더 자랑스럽게 느껴집니다. 그 이유는, 기존에 제가 자문하고, 강연하고, 기고하고, 토론회에 참석하는 등, 여러 방면으로 활동하면서 늘 생각하고, 고민해온 주제들은 이미 제 머릿속에 어떤 내용을 어떻게 설명해야할 것인가 까지 정리를 다 끝마친 내용들이었기 때문입니다. 그 덕에, 집필을 하는 동안에도 막힘없이 쓸 수 있었고, 시간도 짧게 단축할 수 있었습니다. 만약 저자가 책을 쓰는 시간이 오래 걸리고, 많은 고민을 하고 있었다면 그 주제는 저자 스스로 체득한 주제가 아니라는 반증입니다.

저자는 아직도 써내려가야 할 주제가 많이 있습니다. 2012년부터 강연을 시작하여 최근 스타벅스코리아 및 오스템임플란트에서 강연을 했던 "컴플라이언스(ESG포함)"라는 주제와 매년 1,2월에 강연을 여러 차례 진행하고 있는 "주주총회·이사회 운영 및 분쟁 실무"는 일정 수준 이상으로 체득되어 있어 빠른 시일 안에 또 여러분들께 선보일 수 있을 것이라 믿습니다.

본서로 말미암아 매년 논문이 되었든, 책이 되었던 한 편씩 써내겠다고 다짐한 스스로에 대한 약속을 올해도 무사히 지킬 수 있게 되어 기쁘게 생각합니다.

🅑 감사의 말

아들이 걸음마를 시작할 즈음 이런 이야기를 해주었습니다. "열심히 살았으면 한다. 그것도 네가 할 수 있는 최선을 다 해서 모든 능력을 발휘하면서 열심히 살았으면 한다. 네 스스로를 위해서가 아니라, 네가 열심히 살아서 능력이 생기고 그로 인해 도움을 받고 행복해 할 많은 사람들을 위해서! 더 열심히 살면, 더 많은 사람들이 행복해질 거야...." 저자보다 더 큰 세상을 꿈꾸고 만들어갈 아들을 위해 작은 디딤돌을 놓아주는 마음으로 사랑하는 아내와 아들에게 이 책을 바칩니다.

그리고 출판에 도움주신 ㈜하움출판사 문현광 대표님께 진심으로 감사하다는 인사를 먼저 전합니다. 앞으로도 무궁한 발전을 기원 드리며 늘 응원 하겠습니다.

목차

제1장

서론

4차 산업혁명
따라잡기

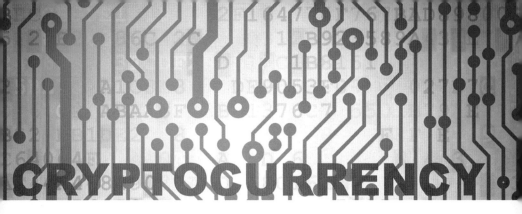

🅑 4차 산업혁명의 시작

4차 산업혁명에 대한 관심도 많고 궁금해 하는 분들도 많습니다. 각자의 영역에서 모두 변화를 맞이하고 있으니 4차 산업혁명에 예외인 사람은 없습니다. 인공지능 알파고로부터 시작된 AI에 대한 한 차례 이슈가 지나고 이후 비트코인 광풍이 불며 블록체인, ICO의 충격을 전 세계가 경험하였습니다. 이제 사이버 세상의 모든 콘텐츠에 블록체인을 탑재하는 메타버스, NFT 이슈가 도래하였습니다.

2016년 3월 알파고와 이세돌의 대국은 인간들에게 큰 충격을 주었습니다. 인공지능의 승리는 이제 전 인류에게 엄청난 도전인 것입니다. 인공지능의 충격이 채 가시기도 전에 비트코인이라는 가상화폐는 전 세계 경제 이슈의 중심에 서기 시작했고, 2017년 9월 가상화폐 ICO의 투기열풍에 대해 대한민국 정부는 ICO 금지라는 결단을 내립니다. 이후 2021

년부터는 NFT라는 새로운 블록체인 기반의 거래수단이 인기를 끌며 현재 저작권과 콘텐츠 이슈를 모두 집어삼키며, 마치 블랙홀과 같은 역할을 하고 있습니다. 민간은 빠르게 변화하고 있고, 정부는 갈피를 잡지 못하고 지금까지 혼란 속에 있습니다.

4차 산업혁명은 빅데이터, 인공지능, 블록체인으로 이미 정리가 끝난 듯합니다. 엄청난 양의 빅데이터가 쏟아져 나오고 이를 인공지능이 분석하며, 이러한 빅데이터를 블록체인 기반을 통해 안전하게 거래하는 내용입니다. 예를 들어 조금 더 구체적으로 이야기하자면 개개인이 SNS에 올리는 사진과 영상이라는 엄청난 양의 콘텐츠가 생산됩니다. 경제적 가치가 있는 것도 있을 것이고, 없는 것도 있을 것입니다. 이러한 빅데이터는 생산자의 관심과 기호의 반영입니다. 이를 인공지능이 분석하고 분석한 결과로 타겟 마케팅이 이루어집니다. 그러면 이러한 콘텐츠가 타인에게 도용되지 않고 보호되며, 거래가 안전하게 이루어지기 위해 블록체인 기반에 NFT를 탑재하게 되는 것입니다. 사이버 등기의 역할이라고 할 수 있습니다.

이와 관련하여 정부의 핵심 과제 중에서도 가장 중요한 것이 데이터베이스의 공유입니다. DB는 4차 산업혁명의 혈액과도 같은 것이고, 민간 부문과 정부 부문의 통합DB구축은 매우 중요한 과제가 되었습니다. DB의 활용이 없이는 제대로 된 인공지능도 탄생할 수 없습니다. 하지만 현재 정부 부처 간 DB조차도 원활하게 통합되어 있지 못한 상황입니다. 결국 "디지털 플랫폼 정부"라고 하는 인프라를 구축하여 민관 DB를 융합하고 활용할 법제도 및 시스템을 만드는 것이 대한민국의 4차 산업혁명을 완수하기 위한 필수 조건이 되었습니다.

Ⓑ 4차 산업혁명으로 가는 금융과 IP

저자는 금융법 박사 및 금감원 금융 분쟁조정위원으로서 금융 및 회계 업무를 전문으로 수행한 변호사입니다. 자연스럽게 가상화폐 ICO를 접할 수밖에 없었고, 블록체인과 4차 산업혁명을 최전방에서 경험할 수 있는 기회가 많았습니다. 그 결과 다날의 페이코인 ICO를 진행하여 성공시킨 자랑스러운 경력도 보유하게 되었습니다. 모든 사람들이 자신의 분야에서 4차 산업혁명을 공부해야하지만 금융 관련 업무를 하는 사람들이 제일 먼저 가상화폐 및 거래소를 경험하게 되는 자연스러운 결과였습니다. 저자는 당시 활동하면서 스위스에서 ICO를 수행했던 실무경력과 직접 ICO투자를 진행했던 경력, 이러한 실무경험을 토론회에서 발표하고 기고문을 통해 공유했던 자료들, 강연 콘텐츠까지 상당한 양의 데이터들이 축적되었습니다. 그리고 현재, 블록체인과 ICO라는 주제는 금융위원회가 주관 부서인 금융관련 주제임을 부정할 수 없게 되었습니다.

이와는 달리 NFT는 금융 관련 주제라기보다, 같은 블록체인의 영역에 존재하지만 오히려 저작권과 콘텐츠, 엔터테인먼트 관련 주제로 접근할 필요성이 있습니다. 즉 블록체인의 상용화로 제일 먼저 꼽는 NFT시장은 금융보다는 저작권과 IP쪽으로 그 무게중심이 옮겨가 있습니다. NFT의 대상이 되는 모든 매체들이 저작물의 대상이 되는 매체들이다 보니 저작권을 비롯한 IP관련 법률을 이해하지 못한다면 NFT시장을 온전히 파악할 수 없는 것은 당연한 일입니다. 그래서 특허청에서도 NFT·IP 전문가 협의체를 구성하였고, 저자가 위원으로 참여하게 된 것입니다.

저작권이 존재하는 저작물에 대해 저작권자의 동의 없는 NFT 발행에 대해서 어떻게 접근해야 할 것인가에 대한 주제를 시작으로, 나아가서는 메타버스 상에서 구현될 각종 캐릭터들이 포함하고 있는 초상, 목소리, 유행어 등 캐릭터의 ID(identity)를 구성하는 요소들의 법률적 보호까지 고민해야 할 부분들이 너무나도 많습니다. 특히나 최근 법률상의 큰 변화를 맞이한 엔터테인먼트 영역에서는 퍼블리시티권이라고 하는 기존에 사용하기 편했던 개념이 법원의 판결로 부정되면서 부터 더더욱 이러한 ID(identity)를 구성하는 요소들을 메타버스 세상에서 어떻게 파악해야 할 것인지에 대한 논의가 필요해졌습니다. 저자는 예술의 전당 전문위원 및 경희대 관광대학원 겸임교수 등을 역임하면서 저작권, 콘텐츠 관련 업무에 상당한 경력을 쌓았습니다. 그러한 경력들이 블록체인 NFT시장을 쉽게 이해할 수 있는 원동력이 되었습니다.

• 금융, 회계, 세무 관련 저자의 경력

	기관	직위
금 융 회 계 세 무 투 자	한국회계법학연구소(KALI)	대표
	월간 리걸타임즈 5월호 "회계법전문 조상규변호사의 성공이야기"	표지모델
	숙명여자대학교 법과대학	조세법, 금융법 강의
	한국방송통신대학교 프라임칼리지 금융서비스학부	상법 교수
	한국공인회계사회	법무위원
	금융감독원 금융분쟁조정위원회	조정위원
	한국공인회계사회 회계연수원	강사
	금융연수원	강사
	토마토저축은행, 부산저축은행 사태 관련 소송	회계법인 법률자문 및 소송대리
	수협은행	프로슈머
	서울지방변호사회 법제연구원	금융투자자소송 연구위원
	한국철도시설공단 부가가치세 관련 소송	경정청구관련 소송 및 위헌법률심판
	대한변협 세무변호사회	회원
	신세계백화점 경기본점(죽전) 문화홀 아카데미 "상속과 증여 제대로 준비하기" 매월 정규 강좌	특강 강사
	한국기업회생연구소 주최 기업회생경영사 교육과정	통합도산법, 집행법 강사
	한국기업회생경영협회	이사
	㈜영등포뉴타운지하상가	기업회생 신청대리
	도원, 재정, 삼영, 다산, 한울, 삼덕, 신한, 대성, 대현, 성도 등 회계법인 특강, 부산, 전주, 광주 공인회계사회 특강	감사인의 손해배상책임
	120여개 국내 중소형 회계법인	손해배상소송 자문
	2018년도 중소회계법인 협의회 연수 "외감법 개정에 따른 법률위험의 증가와 대응방안"	강사
	2019년도 중소회계법인 협의회 연수 "외부감사인의 법적 책임 제대로 알기 - 주요 소송사례 소개"	강사
	전경련 CEO 법률강의 부동산 거래단계별 절세전략 강의	강사
	중소형 회계법인들을 위한 금융투자자소송, 감리조치, 징계 등 각종 법적분쟁	법률자문
	(단독) 'BTS 빅히트 대주주' 스틱인베스트먼트, 신한회계법인 상대 100억대 소송전 '패소'	아시아투데이 기사
	(단독) 한국증권금융, '우양HC 부실회계'신한회계법인 등 상대 손배소서 패소	아시아투데이 기사
	조선해양 관련 기업 금융감독원 감리조치 대응	법률자문 및 출석진술
	한국공인회계사회 중견회계법인 대표자 간담회	발표자
	키코소송 관련 금융법 박사논문 및 금융투자자소송, 감사인의 손해배상책임	논문

- ## 저작권, 문화, 관광, 콘텐츠 관련 저자의 경력

	기관	직위
문화체육관광콘텐츠저작권지식재산	경희대학교 문화관광콘텐츠대학원	겸임교수
	중앙대학교 문화예술경영대학원	겸임교수
	문화체육관광부 공공기관 경영평가단	평가위원
	경희대학교 복합리조트게이밍연구센터	자문위원
	한국엔터테인먼트 학회	기획이사
	예술의 전당 영상화사업추진단	전문위원
	한국저작권위원회	저작권전문강사
	SBS	자문변호사
	한국관광공사	고문변호사
	2019홀스케치 페스티벌 유소년 승마대회 조직위원회	고문변호사
	제이디비엔터테인먼트(주) 김대희, 김준현, 김지민 소속 종합엔터테인먼트 기획사	자문변호사 및 소속연기자
	빅스, 구구단, 정소민 소속 젤리피쉬엔터테인먼트(주)	자문변호사
	크레용팝 소속 크롬엔터테인먼트	법률자문
	스타제국 RS엔터테인먼트	자문변호사
	영화제작사 시카고와 중국 CCTV간 합작법인 설립	법률자문
	국립현대무용단	법률자문
	문화체육관광부 예술산업미래전략포럼	공연예술산업의 법률현황과 발전방향 발제자
	한국콘텐츠진흥원 컨텐츠분쟁조정위원회	콘텐츠공정거래법률 자문위원
	콘텐츠공정거래 법률자문서비스 및 교육프로그램 운영위탁기관 선정심사	심사위원
	한국콘텐츠진흥원 사업자문, 사업제안, 콘텐츠진흥, 문화기술연구개발 지원사업	심의위원
	한국콘텐츠진흥원 해외진출상담센터 콘텐츠비지니스 자문위원회	법률자문위원
	한국콘텐츠진흥원 디지털만화 심의제도 개선방안 연구 위탁사업자 선정평가	심사위원
	한국콘텐츠진흥원 TechCrunch 2018 참가기업 선정	심사위원
	한국콘텐츠진흥원 IP활용 라이선싱 역량강화 기업 선정	심사위원
	한국콘텐츠진흥원 신글로벌게임허브센터 운영위탁기업 선정	심사위원
	한국콘텐츠진흥원 대중문화예술산업발전법 개정안 연구용역	심사위원
	2018 Broadcast Worldwide 콘텐츠비지니스 법률상담	자문위원
	2019 ITS GAME 한국콘텐츠진흥원 콘텐츠비지니스 법률상담	자문위원
	2013 G-STAR 게임박람회 콘텐츠법률자문	자문위원
	2012 대한민국 문화콘텐츠 어워드 해외진출 유공자 포상	심사위원
	서울올림픽기념국민체육진흥공단 경륜경정사업본부	심사위원
	한국디자인진흥원	법률자문

	기관	직위
문화체육관광부 저작권육성지원 재단콘텐츠	언론중재위원회	언론조정·중재지원변호사
	월간사진	기고
	가나아트센터 예술저작권 특강	강사
	2015 예술의 전당 공연기획 전문인력 향상과정 저작권특강	강사
	2016 중앙대 링크사업단 지식재산권특강	강사
	2017 예술인을 위한 계약 및 저작권 실무 저작권위원회·예술인복지재단 주관	강사

• 4차 산업혁명, 과학기술 관련 저자의 경력

	기관	직위
과학기술	중앙대학교 법학전문대학원 과학기술에너지법	겸임교수
	제20대 국회 에너지특별위원회	자문위원
	국회 4차산업특별위원회	자문위원
	국회 4차산업특별위원회 사회안전망 소위원회 신구기술간 갈등대립 해소방안 주제발표	발제자
	미래창조과학부 국가과학기술지식정보서비스	과학기술인 등록(11274114)
	"인공지능 세무대리 프로그램의 법적책임"(중앙법학 제65호)	논문발표
	NFT회사 갤러리엑스	감사
	정보통신산업진흥원 3D프린팅	법률제정위원
	정보통신산업진흥원 2017 산업단지 클라우드 보급확산 추진단	전문위원
	과학기술정보통신부 방송채널사업정책팀	자문위원
	중소기업기술정보진흥원 중소기업기술개발 지원사업	평가위원
	KIAT 산업융합 규제샌드박스 법률컨설팅 서비스용역 선정	평가위원
	중기부 4차 산업혁명 도래 신산업 규제애로 갈등 해결방안 연구	참여 전문가
	한국콘텐츠진흥원 Voice 기반 인공지능 스피커 "AI & Voice 목소리로 즐기는 세상" 프로젝트	심사위원
	4차 산업혁명과 기술거래계약	기술거래사연수특강
	특허청 NFT· IP 전문가협의체	위원
	특허청 NFT· IP 전문가협의체	위원
	국회 디지털경제연구회	법률자문위원
	포스텍 기술혁신네트워크	기술혁신교육 강의
	블록체인법률연구소(BLLI)	대표
	국회 주최 "2018 블록체인 글로벌 의회·전문가간 컨퍼런스"	준비위원
	국회 "개인정보 규제완화 어떻게 할 것인가?"토론회 '개인정보 규제완화를 위한 법제 개선방안' 발제	발제자

• 4차 산업혁명, 과학기술 관련 저자의 경력

	기관	직위
	블록체인법률연구소(BLLI)	대표
	국회 주최 "2018 블록체인 글로벌 의회·전문가간 컨퍼런스"	준비위원
	국회"개인정보 규제완화 어떻게 할 것인가?"토론회 '개인정보 규제완화를 위한 법제 개선방안' 발제	발제자
	국회 주최 "ICO가이드라인 정립을 위한 토론회"	토론자
	국회 주최 "4차 산업혁명시대 블록체인 정당 어떻게 구현할 것인가?"토론회	토론자
	대한변호사협회 주최 "4차 산업혁명 시대 규제입법의 대응과 과제"	종합토론자
	"VCN코인, COINZEST거래소" 밋업	발표자
	"INOMIX코인" 밋업	발표자
블록체인 I C O	월간 이쿠너미저널 9월호 "4차 산업혁명 블록체인ICO"	퓨지모델
	월간 크립토그래프 9월호 "스위스 ICO 탐방기"	투고
	4차 산업혁명 교육자료	인터뷰
	국제대학교 최고경영자과정 "4차 산업혁명과 블록체인, ICO" 특강	강사
	스위스 Zug주 (음원제공회사, 보안기술회사, 결제플랫폼회사 등) 몰타, 케이만제도, 싱가폴 등 다수	ICO 진행
	#크립토피아트 상품을 실시간으로 거래하는 플랫폼 프로젝트, #파인아트 아마추어 작가들의 그림을 오픈 플랫폼에서 거래하는 프로젝트, #헬스케어 데이터 및 개인 맞춤형 솔루션 플랫폼 프로젝트, #공기청정기 인공지능 로봇 프로젝트, #카지노 코인 프로젝트 #개인 게놈데이터 블록체인 프로젝트 등 다수	법률자문
	블록체인 인공지능 기업 에잇테크	고문변호사
	美 NewYork주 Law Firm Park Law Group,P.C.	Member Attorney
	英 Baker Tilly International Accounting Firm	MemberAttorney
	스위스 Zug주 Law Firm Libra Trust AG	전략적 제휴 MOU

NFT와 엔터테인먼트

저자가 지금까지 수행한 저작권 및 엔터테인먼트 관련 사례들을 블록체인, NFT의 관점에서 재해석하는 도전을 시도하였습니다. 블록체인, NFT관련 설명들은 뜬 구름 잡는 식의 이야기나 공학적 설명이 대부분이어서 현실 세계에서의 비즈니스 모델이나 분쟁사례에 대한 접근이 힘들었습니다. 그래서 저자는 블록체인 ICO에 관한 수행사례 설명과 함께 저자가 직접 수행한 분쟁사례를 중에서 초상권 및 유행어 등의 콘텐츠를 중심으로 하여 반드시 알아야 할 주요 리딩 케이스들을 선별하고 이러한 내용들을 가장 쉬운 말로 풀어서 설명 드리는 방식을 채택하였습니다.

메타버스라고 하는 또 하나의 우주에서 전개 될 세상은 실존하는 인간의 세상에 가상의 세상이 추가되어 그 규모는 실로 예측하기 어렵습니다. 하지만 간단히 생각해보면 인간이 창출하는 모든 콘텐츠는 메타버스 세상 속으로 올라가게 될 것이고, 이러한 콘텐츠들에 대한 법률관계를 정확히 분석할 필요성이 있게 되었습니다.

특별히 본서는 IP 중에서도 저작권보다는 퍼블리시티권과 같은 엔터테인먼트 영역의 검토에 집중하였습니다. 엔터테이너 변호사로 꾸준히 활동해 온 저자의 경우에는 제이디비엔터테인먼트 소속의 배우이고, SBS 드라마 '리턴'에 형사역할로 출연했을 뿐만 아니라 각종 교양, 예능, 뉴스대담 프로그램에 출연한 경력으로 엔터테인먼트 관련 쟁점들을 선점하고 있었습니다. 또한 SBS 고문변호사, 한국엔터테인먼트학회 기획이사의 직도 함께 수행한 바 있습니다.

이러한 저자의 활동들과 수행 사례들을 통해 최근 엔터테인먼트 영역에서의 이슈인 퍼블리시티권, 초상권, 유행어, 유투브 등에서 변화의 바람이 불었다는 것을 알 수 있었고, 이러한 법률적 쟁점들은 메타버스 상에서 구현되는 NFT캐릭터와 관련된 법적 분쟁에 필수 주제가 될 것이기 때문에 매우 중요하다는 것을 직감하였습니다. 추가로 엔터테인먼트 영역에서 빠질 수 없는 주제인 블록체인 기반의 게임과 관련해서는 P2E게임의 합법화 논의까지 포함하였습니다. 이에 본서는 블록체인·ICO 관련 실무자뿐만 아니라 저작권·엔터테인먼트 관련 실무자들을 위한 실무 가이드북이라고 할 수 있겠습니다.

이러한 주제는 연예인을 포함하여 일반인들의 입장에서도 캐릭터와 관련된 얼굴과 목소리 등은 메타버스에 존재하는 캐릭터를 다른 캐릭터와 구분하는 기준이 되기 때문에 그 중요성이 더욱 강조될 수밖에 없습니다. 그러므로 현재 캐릭터를 구성하는 얼굴, 목소리, 문장 등의 법률관계 검토는 메타버스 상에 구현될 세상 속에서도 기본적으로 검토되어야 할 요소인 것입니다.

• **저자의 방송경력**

	기관	직위
방송경력	부산KBS 라디오생활법률, (주)에이치씨엔부산방송 뉴스와이드 생활법률	법률상담 및 출연강사
	KBS VJ특공대, MBC 이재용정선희 기분좋은 아침 YTN Star 애완남키우기 나눈펫, JTBC, YTN, MBN 등 뉴스 인터뷰	출연자
	채널A "김성주의 모닝 까페"	법률자문 및 출연
	채널A 뉴스A라이브	출연
	TV조선 "얼마예요(토크쇼)"	고정출연
	KBS 퀴즈사총사	문제출제 및 출연
	MBC정의본색	법률자문 및 출연
	SBS 주말연속극 "떴다 패밀리"	출연(형사 역할 연기)
	SBS 드라마 "리턴"	출연(형사 역할 연기)
	MBC 월화특별기획 "캐리어를 끄는 여자"	법률자문
	SBS 모닝와이드	출연
	MBN 뉴스와이드, 뉴스엔이슈, 뉴스파이터 아침의 창, TV조선 시사Q, TV조선 사건파일24., 채널A 뉴스A	대담코너 고정출연
	법률방송 "닥터스"	사회자(MC)
	New 사랑과 전쟁	자문변호사 출연
	종합엔터테인먼트 기획사 제이디브로스(주)	소속 방송인

🅱 갤러리엑스(GALLERIE X)의 출범과 상표출원

현재 NFT 관련 비즈니스 모델은 좋은 IP를 확보하고 이를 NFT화하여 오픈시(OpenSea)와 같은 NFT거래소에서 좋은 가격이 판매가 이루어 지도록 하는 것이 가장 일반적이라고 할 수 있습니다. 그래서 저자도 이러한 NFT 시장에 참여하고자 갤러리엑스라고 하는 NFT 회사의 설립에 참여하여 감사로서 활동하게 되었습니다. NFT 거래의 실무를 직접 진행하고 참여하여 기존의 코인투기와 같은 근거 없는 투기판이 벌어지지 않도록 투명한 블록체인 NFT 생태계 조성에 역할을 다하고자 합니다.

갤러리엑스를 통해 블록체인의 활용 및 메타버스 세상의 구현 등 최신 이슈들을 선점하고 이에 대한 각종 실험을 진행하면서 필요하다면 규제 샌드박스의 이용 및 입법컨설팅을 통해 P2E와 같은 블록체인 게임회사의 공통 관심사안 등에 동참할 수 있는 기회를 가질 생각입니다.

이에 갤러리엑스는 국내는 물론 미국과 중국 등 해외 상표 출원을 마친 상태입니다. 향후 갤러리엑스는 대한민국에서 블록체인이라는 새로운 영역을 연구하고 개척하는데 주도적인 역할을 수행할 것이며, 4차 산업혁명의 속도를 법제도로 따라 잡는 시대적 요구에 부응하는 과제를 수행할 것입니다. 이에 많은 전문가들을 모시고 토론하고 연구하여 유의미한 결과물을 내는데 심혈을 기울이도록 하겠습니다.

제2장

4차
산업혁명과
블록체인

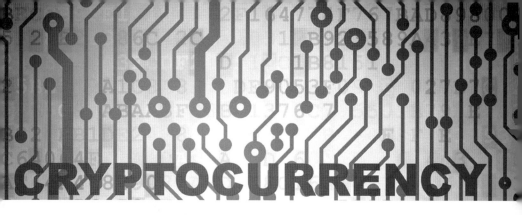

🅑 4차 산업혁명에서의 잉여인간

  영국의 블랙캡이라는 택시는 역사와 전통을 자랑하는 런던의 명물입
니다. 블랙캡 택시기사가 되기 위해서는 3년간 서비스교육, 지도외우기
등 힘든 과정을 거치는데, 블랙캡의 기사가 되면 연봉 1억 정도의 중상
위층의 삶을 살 수 있는 수입이 보장되기 때문에 힘든 과정도 마다하지
않고 블랙캡의 기사가 되기를 원합니다. 하지만 2014년 블랙캡의 기사
들이 파업에 들어갔습니다. 그 이유는 미국의 실리콘벨리에서 시작된 플
랫폼회사의 진출에 있습니다. 바로 우버(Uber)입니다.

  우버는 택시 이용객과 운전기사를 모바일 앱을 통해서 연결하는 플랫
폼회사인데, 2010년 시작되어 4년만에 45개국 2백여개 도시로 진출하였
습니다. 영국도 예외일 수 없었던 것입니다. 우버의 진출 자체만 놓고 보
면 아주 작은 쟁점일 수 있습니다. 플랫폼 회사의 진출을 기존 택시기사

들이 반대한다는 정도로 보일 수 있습니다. 하지만 문제는 매우 큽니다. 우버택시는 매우 저렴하여 가격 경쟁력에 있어서는 블랙캡이 불리할 수밖에 없습니다. 그 편리성 또한 마찬가지입니다. 그런데 우버택시의 기사들이 어떤 생활을 영위하고 있는지가 문제입니다. 조사 결과 우버택시 기사들의 생활은 생존만 가능한 기초생활 수준에 불과하였다는 것입니다. 즉 플랫폼 회사의 이윤착취로 인하여 근로시간은 많고 수익은 적은 상황에서 운행을 하고 있었던 것입니다. 이러한 우버와 경쟁하기 위하여 블랙캡은 가격을 내릴 수밖에 없습니다. 그렇다면 택시기사들의 삶은 이제 기초생활 수준으로 하향평준화가 이루어지고 막대한 수익은 우버라는 플랫폼회사가 모두 빨아들이는 구조가 되는 것입니다.

여기서 끝이 아닙니다. 막대한 수익을 얻은 우버는 그 수익으로 이미 무인택시 프로젝트를 완성시켜 놓았다는 것입니다. 택시기사가 번 돈으로 택시기사가 필요 없는 택시를 만든 셈입니다. 무인택시는 이미 제작이 완료되어 창고에 대기 중입니다. 정부가 사회적 충격을 감안하여 이를 허용하고 있지 않은 것뿐이지 이미 무인택시는 출발 준비를 마친 상태입니다.

제가 대학교 1학년 때였나요? 포항공대에서 음성인식을 연구하다가 이것은 불가능하다고 생각하고 의대로 편입해서 들어온 공대박사 형님이랑 친하게 지낸 적이 있었습니다. 하지만 20년 정도가 지난 지금 검색엔진을 비롯한 각종 인공지능 프로그램들의 음성인식 수준은 거의 완벽

할 정도입니다. 불가능이 없습니다. 테슬라는 달 사업을 준비하고 있습니다. 자본은 잠재력 있는 기술에 돈을 쏟아 붓고 그 수익을 얻어 갑니다. 현재 대부분의 잠재력 있는 기술은 기존의 인간의 노동력을 대체하는 기술들이고 그 영역을 넓혀 가고 있으며, 그러한 성공의 밑바탕에 금융자본들이 함께하고 있습니다. 결국 택시기사는 기초생활 수준의 직업조차도 신기술에게 양보하고 무직의 삶을 살 수밖에 없습니다. 이렇게 자신의 직업을 잃어버리고 정부가 지원해주는 보조금 정도로 살아가는 사람들을 특정하여 "잉여인간"이라고 합니다.

더욱 재미난 사실은 미국의 실리콘벨리에서는 현재 지하 벙커를 만들어주는 회사가 급성장하고 있다는 것입니다. 지하에 벙커를 파고 식량과 물, 무기 등을 채워주고 심지어 수영장 등 호화시설까지 구비한 회사들도 많다는 것입니다. 그러한 지하 벙커의 수요자 회사들에게 벙커의 필요성에 대해서 질문을 했더니 핵전쟁과 잉여인간들의 폭동을 대비한 것이라고 합니다. 결국 몇몇 플랫폼 회사들이 주요 경제력을 장악하게 되고, 대부분의 인간들은 잉여인간의 삶을 살아가야 하는 세상이 멀지 않았다는 것입니다.

이는 단지 우버라는 회사와 관련된 이슈가 아닙니다. 인간의 노동을 대체할 기술들에 자본주의는 돈을 투자합니다. 그리고 기술은 이러한 자본을 기반으로 급성장하고 소수의 회사들이 많은 돈을 벌어갑니다. 이전의 대기업, 중소기업의 문제를 넘어서 극단적인 양분화 현상이 도래합니다. 이제 우리 모두는 직장의 상실이라는 위협 속에서 미래를 준비해야 하는 형편에 이르렀다는 사실이 중요한 것입니다.

Ⓑ 4차 산업혁명시대 내 직업찾기

2019년에 '4차 산업혁명을 선도하는 사람들'이라는 제목으로 고용노동부, 한국고용정보원이 출간한 책의 한 쪽지에 저자의 인터뷰 기사가 들어간 적이 있었습니다. 중고등학생들을 대상으로 한 책이었는데 내용을 인용하면 아래와 같습니다.

"다양한 직업 활동으로 성공의 기회를 넓혀라" 실력은 기본, 기회를 만들어야 성공한다

100세 시대를 바라보는 미래엔 평생 3가지 이상의 직업이 필요하다고 미래학자들은 전망한다. 한 가지 직업만으로는 급변하는 세상에 대처하기 어렵다는 이야기다. 그런데 어떻게 하면 여러 가지 직업을 성공적으로 준비할 수 있을까? 여기 다양한 영역에 도전하며 직업적인 성공과 삶의 가치를 조화시키는 롤 모델을 소개한다. 바로 법무법인 '주원'의 조상규 변호사다. 그는 변호사, 법학박사, 금융 MBA, 변리사, 중앙대·경희대 겸임 교수 등 주요 경력과 직업명만 채워도 명함 공간이 부족해 큐알코드를 사용한다. 매년 생일마다 책을 출간하기로 계획을 세워 벌써 <문화예술저작권 분쟁의 숲에 가다> 등 3권의 책을 저술했고 최근에는 '기업경영법무연구원'과 '한국회계법학연구소'를 설립하여 대표직까지 맡고 있다.

그는 배우이기도 하다. 방송국의 뉴스, 시사프로 패널로 자주 출연하던 그는 "법률 전문가로서 비슷한 답변을 하다보니까 저만의 색깔을 드러내기가 어렵더라고요. 그래서 배우 역할에 도전해 두 편의 드라마에 출연했는데, 그 중 '리턴'은 꽤 인기를 모은 드라마였어요."

라면서 현재 박나래, 김준현 등의 유명 개그맨이 소속되어 있는 JDB엔터테인먼트에 배우로 소속되어 있다고 한다.

교수, 배우, 작가 등 많은 역할을 해내면서도 전혀 힘든 내색을 보이지 않는다. 오히려 어디서나 분위기를 주도하는 유쾌한 인물로 호평 받고 있다. 다양한 업무를 '재밌게' 해나가는 비결은 무엇일까. 특히 항상 분쟁해야 하는 변호사로서 어떻게 일을 즐기는 지 궁금했다. "저는 모든 역할이 하나의 배역이라고 생각해요. 변호사 업무도 마찬가지입니다. 법정에서 의뢰인을 위하여 변론을 펼칠 때면 변호사 역을 맡은 배우라고 상상하며 혼신의 힘을 기울이죠. 그러면 좀 더 객관적인 관점에서 무엇이 의뢰인을 위한 최고의 변호일까 생각하게 되고 그에 맞는 치밀한 준비를 하게 됩니다."

시간이란 쪼개어 쓸수록 마르지 않는 샘처럼 나온다고 믿는다. "요령 있게 한 번에 두세 가지 일을 하면 시간은 무한대로 늘어납니다. 중요한 것은 같은 시간을 써도 시간이란 개념은 모두에게 동일하지 않다는 겁니다. 하루 2~3시간만 일해도 '자신의 이름'을 걸고 자신의 성과로 만드는 일을 하면 남의 일을 해주는 부속품 같은 12시간을 보내는 것보다 의미 있죠. 그렇게 하면 같은 시간에 더 많은 일을 한 사람이 되는 겁니다."

변호사로서 성공하려면 끊임없는 영업활동을 통해 기회를 만들어야 한다고 강조하면서 폭넓은 인간관계를 자랑한다. 카톡 친구만 무려 7000명! 사람 만나는 자체를 좋아한다. 의뢰인을 만나는 것도 사람 사귀는 것이라고 생각하고 내 친구, 내 사람으로 만들고자 한다. 그 의뢰인들이 조 변호사를 로스쿨 강단에 서게 해주고, 회사에 소개해 사외이사로 만들어 주었으며 인간관계를 갈수록 넓혀 또 다른 기회를 제공하고 있다. 물론 그 기회를 잡으려면 실력이 뒷받침되어야 한다.

가난한 다락방에서 공부로 인생역전을 꿈꾸다

그는 특히 회계법 분야에서 '실력 있는 전문변호사'로 손꼽힌다. 그의 성공은 법조계에서 여전히 논란이 되고 있는 전관예우 덕도 아니고 잘 나가는 일류 로펌 소속이기 때문도 아니다. 오로지 늘 새로운 시장을 개척하며 끊임없이 준비하고 노력한 덕분이다.

그의 노력하는 정신은 어려운 가정환경에서부터 출발했다. 학창시절, 너무 가난해 책상 대신 밥상을 펴고 공부했지만 매번 우등상을 받았다. "늘 고생하시는 어머니를 기쁘게 해드리고 싶었어요. 그런 어머니가 고등학교 2학년 때 위암선고를 받으셨어요. 그날 이후 더욱 최선을 다해 살겠다고 다짐했고, 보란 듯이 사법시험에 합격해 잘 모시자고 마음먹었어요."

하지만 공부로 성공하기란 쉬운 일이 아니었다. 수능에 실패해 지방대 법대에 진학한 그는 군대를 미루고 대학원까지 다니면서 여러 차례 사법시험을 쳤지만 낙방을 거듭했다. 그래도 포기하지 않고 '7전8기' 도전 끝에 2005년 제47회 사법시험에 합격했다.

사법연수원에 입소해서도 미래를 위한 준비는 계속 되었다. 자신이 꿈꾸던 인생역전의 목표에 아직 도달하지 못했다고 판단했기 때문이다. 사법 연수원 2년차 때 조세 분야 연구로 법학 석사학위를 받은 데 이어 공익 법무관 근무 시절 금융상품 분쟁 연구로 법학 박사학위를 받았다. 조세와 회계, 금융법을 전공분야로 정하고, 일찌감치 이 분야의 전문변호사를 지향한 셈인데, 그만큼 그는 방향을 정해 실력을 쌓고 새 시장을 개척하는 '준비된 변호사'였다.

변호사도 AI시대, 자기가 좋아하는 분야를 파고들어 접목시켜라

AI가 떠오르면서 변호사 역시 대체직업이 될 거라는 우려가 있다. 하지만 그는 지금의 인공지능 변호사 수준은 실제로 법률업무를 하는 변호사에게 좋은 보조 장치 정도의 수준이라고 본다. 인간 변호사의 '통찰력'과 '영업력'의 영역은 확고부동하다는 것이다.

그래도 일반 변호사의 메리트가 점점 떨어지는 현실 속에서 이제 변호사도 자신만의 색깔을 가져야 한다고 강조한다. 자기가 좋아하는 분야를 파고들어서 변호사 일에 접목시키면 할 수 있는 일이 무궁무진하고 전망도 좋다. 예를 들어 스포츠를 좋아하면 스포츠매니지먼트와 관련한 전문변호사가 될 수 있고, 음악을 좋아한다면 음악저작권 등을 전문으로 하는 변호사가 될 수 있다. 또, 과학을 좋아한다면 얼마든지 과학기술과 관련된 변호사나 변리사 역할을 재미있게 할 수 있다.

변호사로서 다양한 콘텐츠를 갖고 있는 그는 "우리가 살고 있는 플랫폼이 완전히 바뀌고 있어요. 변호사인 저뿐만 아니라 모든 사람들이 앞으로 자기 분야에서 4차 산업혁명의 전문가가 되어야 해요. 과도기인 지금 바로 준비해야 합니다."라고 말하면서 변호사 준비를 하고 있는 청소년들에게 "항상 기회와 실력의 균형을 잘 맞추어가면서 꾸준히 노력한다면 좋아하는 일을 하며 경제적으로도 여유 있는 삶을 즐길 수 있어요."라고 밝은 메시지를 건넨다.

🅱 인공지능 세무대리 프로그램의 법적 책임

저자는 중앙대학교 로스쿨에서 과학기술에너지법을 강의하고 있는 겸임교수로서 금융법 박사학위를 취득하여 관련 업무에 상당한 경력을 쌓고 4차 산업혁명과 융합을 다시금 연구하고 있습니다. 2017년 9월 세무사와 인공지능이 상생할 수 있는 방안에 대한 시의적절한 주제로 논문을 발표한 바 있습니다. 향후 세무사들이 4차 산업혁명과 함께 할 수 있는 정책 방향이 마련되는데 일조할 수 있기를 기대하며 학술등재지인 중앙법학에 제65호로 "인공지능 세무대리 프로그램의 법적책임"이라는 제목의 논문을 발표하였는데 국문초록을 짧게 소개하면 아래와 같습니다.

인공지능의 발달에 따라 세무사, 변호사와 같은 전통적인 전문자격사의 업무영역이 위협받고 있다. 세무대리 업무는 세무사나 공인회계사가 수행하는 배타적 업무이다. 하지만 세무대리 업무 중에서 가장 간단하고 기계적인 기장대리 업무는 그 동안 소속 직원들이 기장 프로그램을 이용하여 처리하고 있었고, 언젠가는 이 업무가 인공지능에 의해 잠식될 것이라는 많은 사람들이 예상했다. 그러한 우려가 현실화 된 사례가 바로 기장대리에 진출한 인공지능 세무대리 프로그램 운영 업체이다. 세무대리를 수행하는 전문자격사단체는 이러한 인공지능에 대한 세무사법, 공인회계사법 위반에 대한 논쟁을 시작하였다.
현재 머신 러닝 단계에 있으면서 장차 딥러닝을 준비하고 있는 인공지능 세무대리 프로그램이 산출한 기장대리 결과물을 설계자나 운영자는 산출할 기장능력도 세무지식도 없다. 별개의 주체가 만든 별개의 독립된 결과물이다. 이러한 전제 하에 형법적 책임을 검토해 본다면 세무사의 자격이 없이 세무대리를 한 경우에는 세무사법에 의해 형사처벌을 받도록 규정되어 있으나 세무대리 프로그램과 같은 약한 인공지능의 행위는 형법적으로 의미 있는 행위로 볼 수 없고, 인공지능 세무대리 프로그램의 운영 업체 임직원은 기장대리 행위를 한 사실이 없기 때문에 형사처벌의 대상이 존재하지 않는다.

민사적 책임에 있어서도 인공지능 사용 고객과의 사이에서 벌어질 수 있는 잘못된 세무대리 업무로 인한 가산세부과와 같은 손해배상 사건의 경우 이외에는 민사상 책임 관계를 예상하기 힘들다. 행정적 규제에 있어서도 현실적으로 적용 가능한 행정조치는 없다. 이와 함께 인공지능의 세무사 자격취득에 대한 논의를 할 수 있겠으나, 세무사 자격증은 인간을 대상으로 한 제도이지 자연인도 법인도 아닌 인공지능에게는 자격증 취득이라는 제도는 의미가 없고, 오류 없이 정확한 세무대리를 하는지 여부를 기준으로 하는 성능인증이 이루어져야 할 부분이다.

인공지능과 함께 살아가는 미래를 위한 준비를 이제는 세무사와 같은 전문자격사들도 시작해야 한다. 인공지능이 세무사법 위반인지를 따지는 것은 발전적인 논쟁이 될 수 없다. 인공지능 세무사 등록 제도를 신설하여 전문자격사단체가 주체가 된 인증 및 등록 과정을 거쳐 정확한 세무대리 업무 능력이 검증된 인공지능만을 협회에 등록하여 운영하도록 하며, 이용고객들의 보호를 위해 손해배상책임 보험 가입 등 손해배상 보장 의무의 적용대상으로 하여 향후 인공지능과 함께할 세무대리 업무수행을 준비하여야 할 것이다.

기장대리라는 단순 업무는 이제 더 이상 인간의 업무가 되지 못하는 세상이 왔습니다. 각자의 영역에서 일부 업무들이 조금씩 잠식되어 갈 것입니다. 이를 위해 우리는 현재 무엇을 준비해야 할 것인지에 대해 심각하게 고민해 보아야 하겠습니다.

🅑 블록체인법률연구소

저자는 현재 아래와 같은 각종 활동을 통해서 블록체인과 관련한 4차 산업혁명을 법률적 언어로 재해석하고 이를 검토하는 작업이 필요하다는 생각을 많이 하였습니다. 스마트컨트렉트의 법적성격, 자율주행자동차의 교통사고와 관련된 법률관계 등 많은 실천적 법률문제들이 그 해답을 기다리고 있습니다. 또한 이러한 어려운 문제들을 해결하기 위하여 각종 NFT협회, 국회 디지털경제연구회 등 관련 단체들과 긴밀하게 협조하고 날이 갈수록 그 속도가 빨라지고 있는 블록체인의 세상을 따라 잡기 위해 블록체인법률연구소를 2018년도에 설립하여 지속적으로 활동하고 있습니다.

저자는 아래에서 설명 드릴 바와 같이 스위스에서 페이코인 ICO 진행, 20대 국회 4차 산업 특별위원회 자문위원, 중앙대로스쿨 과학기술법 겸임교수, 인공지능 세무대리프로그램의 법적책임 논문 등재와 같은 경력을 가진 4차 산업혁명과 함께하는 소위 말하는 전문가입니다. 저자는 블록체인과 가상화폐의 미래를 확실히 믿습니다. 하지만 지금의 가상화폐 시장은 단순히 맹목적인 투전판으로 인식되기에 충분합니다. 증권시장에서 써먹던 작전방식들을 그대로 이용해서 가격을 조정하고 젊은 세대들의 푼돈을 털어가는 투전판입니다. 그리고 그렇게 불로소득으로 번 돈으로 강남 부동산을 사서 가격을 올리고, 부의 양극화, 위화감 조성, 일확천금을 노리는 세태, 근로경시 풍조까지 우리들의 정신을 병들게 합니다. 테슬라의 머스크라는 사람도 자본시장법상 금지된 시세조정과 같은 부정거래행위를 공공연히 저지르고 차를 팔아 얻은 수익보다 코인 거래로 얻는 수익이 더 많은 코미디 같은 짓을 하고 있습니다. 부정적인 부분은 확실히 걷어내야 합니다. 그래야 긍정적인 부분까지 싸잡아 규제 당하는 일이 안 생깁니다. 하루빨리 제도권 내에 편입되어 투기세력들이 돈을 벌어가는 일이 없도록 확실히 대응해야할 것입니다.

🅑 블록체인 정당에 대한 고민

4차 산업혁명과 관련된 블록체인의 활용방안 중에서 국회에서의 관심은 어떻게 하면 블록체인 정당을 현실화 시킬 것인지에 대한 논의였습니다. 블록체인 기반 암호화폐를 각 정당 당원의 활동에 대한 보상체계로 활용하면, 보다 적극적인 직접 민주주의를 실현할 수 있다는 논의였는데, 2018년 8월경 국회에서 열린 "4차 산업혁명시대 블록체인 정당 어떻게 구현할 것인가?"라는 주제의 토론회에서 발표한 저자의 의견이 파이낸셜뉴스를 통해 언론에 보도되었습니다. 소개해 드리자면 아래와 같습니다.

"암호화폐로 당원 보상체계 갖추면 역동적인 정당 만들 수 있다"

중앙대 로스쿨 조상규 겸임교수(변호사)는 21일 서울 여의도 국회의원회관에서 '4차 산업혁명시대 블록체인 정당 어떻게 구현할 것인가'란 주제로 열린 토론회에서 "블록체인·암호화폐를 당원 참여를 독려하기 위한 보상체계로 접목하면 보다 역동적인 정당 문화를 만들 수 있다"고 말했다.

바른미래당 정치개혁특별위원회 및 정병국 의원실 주최로 열린 이날 토론회는 온·오프라인에서 당원과 일반시민들이 직접 토론하고 보다 효율적으로 정책을 제안, 국회 의사결정을 지원할 수 있는 방안들이 집중 논의됐다.

이와 관련 조상규 변호사는 "현재 바른정당은 당헌·당규에 따라 누구든지 당원이 될 수 있고 성실히 당비를 납부한 경우에는 책임당원으로 규정한다"며 "하지만 블록체인을 기반으로 당원의 활동 범위 및 영향력에 따라 암호화폐를 보상으로 주면 보다 활발한 정치 참여 활동이 일어날 것"이라고 전망했다. 즉 현재 중앙집권화된 정당 권력을 당원들에게 분산시키는 과정에서 암호화폐가 '혁신적 전환점'을 마련할 것이란 게 그의 설명이다.
조 변호사는 "현재 당비를 내지 않는 일반 당원의 경우에는 명부 자체에 대한 부정확성 논란이 끊이지 않고 있다"며 "명확히 확인되지 않은 주소와 휴대폰 번호로 당 대표 경선 등 선거관련 안내 메시지를 보내는 것은 아날로그 시대 저효율 정당 구조"라고 지적했다.

그는 또 블록체인 기반 글로벌 소셜미디어 '스팀잇'과 같은 플랫폼을 적극 활용하면 정치적 이슈 등 특정 주제에 대한 활발한 토론의 장이 마련될 수 있다고 강조했다.

2016년 4월 출범한 스팀잇은 게시물을 올린 사람에게 암호화폐로 보상해주는 블로그 플랫폼이다. 국내외 스팀잇 이용자들이 올린 글과 사진에 대해 다른 이용자들이 공감을 표시하면, 해당 추천 수에 비례해 자체 암호화폐인 '스팀'을 받을 수 있다.

조 변호사는 "각종 블로그와 소셜네트워크서비스(SNS) 플랫폼 대신 바른미래당 등 특정 정당 자체적으로 스팀잇과 같은 공간을 마련하면, 소속 의원과 당원 간 활발한 토론이 이뤄질 수 있다"며 "이 과정에서 정당 지지율이 오르면 자체 발행한 암호화폐 가치도 상승할 수 있다"고 전망했다.

가상화폐와 ICO 제대로 알기

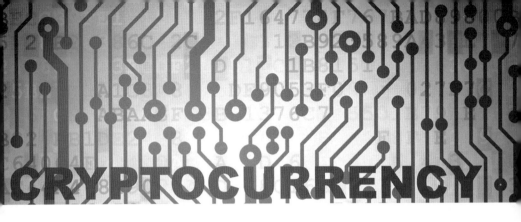

CRYPTOCURRENCY

페이코인 ICO의 성공

2021년 초순 2,800% 떡상한 가상화폐가 있었습니다. 다날이라는 소액
결제 회사가 스위스에서 ICO에 성공한 "페이코인"이라는 가상화폐였습
니다. 최근 페이코인의 시세가 급등하였고, 덩달아 다날의 주가도 급등
하면서 주변에서 저자가 스위스에서 ICO한 코인이 페이코인이라는 사실
에 모두 놀라하였습니다. 종합결제서비스를 제공하는 다날의 자회사인
다날핀테크가 발행한 페이코인이 이틀만에 28배 올랐는데, 비트코인 결
제지원 서비스가 발화점이 되긴 하였지만, ICO 전과정을 진행한 변호사
로서 페이코인이 주목 받는 이유는 비트코인 결제지원 이전에 스위스에
서 모든 적법절차를 거친 ICO라는 점, 이미 온오프라인 가맹점에서 결제
시스템을 확보하여 비트코인의 활용성을 극대화시킬 수 있는 기반을 구
축하고 있었던 점 등이 크게 작용하였다고 봅니다.

저자는 다날의 오랜 고문변호사로서 각종 법률자문을 진행하던 중 2018년도부터 다날의 ICO프로젝트를 책임지고 진행하게 되었습니다. 수임과정뿐만 아니라 진행과정에서도 온갖 우여곡절을 겪었지만 결국 스위스를 직접 가서 법인을 설립하고 계좌를 개설하였으며, 현지에서 SRO라이선스 취득 및 Finma라는 금융당국으로부터 No-action letter 를 받기까지 전 과정을 대리한 변호사로서 뿌듯하고 자랑스럽습니다.

🅱 월간 크립토그래프 2018년 9월호 "스위스 ICO 탐방기" 투고

현재까지 스위스에서 Block-Chain을 기반으로 두고 전 세계 음악서비스를 제공하는 회사 및 보안안전기술에 입각한 Block-Chain 기술을 가진 회사의 ICO를 위한 스위스 회사 설립(ZUG주)과 SRO 진행을 수행하였고, 최근 진행한 결제 플랫폼 회사는 4백억 규모의 사모방식으로 진행 중이며, 스위스에 자회사를 설립하고 SRO 진행 중에 있고, 이와 관련하여 스위스에 최근 출장 방문하여 현지로펌과 MOU체결식도 하고 진행 상황을 검점하였습니다.

스위스 외에도 몰타, 싱가폴, 케이만제도 등에서 진행되는 ICO들에 대한 케이스를 경험하였지만 스위스가 특별히 ICO에 최적화된 곳이라는 사실을 이번 방문을 통해 더더욱 실감하게 되었습니다. 스위스는 이미 금융감독기관인 FINMA를 통해 가이드라인을 명시적으로 발표하였으며, 지역금융인프라가 잘되어 있어 계좌 Shutdown과 같은 예상외의 리스크가 발생할 가능성이 매우 낮습니다.

먼저 FINMA 가이드라인과 관련하여 한국에서 실무상 인지하고 있었던 스위스 정부의 금융규제에 대한 철학을 현지 방문을 통해 더욱 확실히 할 수 있었습니다. 일단 자유롭게 ICO를 하도록 시장에 맡겨두고 Crypto valley 가 조성되고 많은 케이스들이 누적되는 것을 지켜본 후 최소한의 규제 가이드라인만을 제시하는 그들의 실질주의적이고 실용주의적인 규제방식에 놀라움을 금할 수 없었습니다.

이러한 규제방식은 모든 생활 속에 녹아 있었는데 일례로 현지에서 산악열차를 탈 때에도 아주 비좁은 터널을 통과할 때 창문 밖으로 손을 내밀면 터널의 벽면과 손이 닿을 수도 있지만 그들은 철창을 만든다던지 운전기사가 금지요구를 하지 않았습니다. 또한 깊은 호수에서 다이빙을 하고 마음껏 수영을 하여도 아무도 이를 제재하지 않았습니다. 청소하는 사람이 보이지도 않는데 호수에 휴지조각 하나 떠다니지 않았습니다. 2006년 사법연수원 시절 국제통상학회 회원으로 스위스를 방문했던 때도 똑같은 놀라움을 느꼈던 기억이 납니다. 그들은 그렇게 깨끗하게 지켜온 그들의 호수에서 자식들과 함께 마음껏 수영하고 일광욕을 즐기고 있었습니다. 그런데도 한적하고 여유롭고 질서정연했습니다. 규제의 상대방이 성숙한 시민이라는 전제가 깔려 있어 무책임한 행동은 본인의 책임으로 하되 그 외에는 모든 것을 자율에 맡기고 있는 그들의 사고방식을 스위스 출장 내내 느낄 수 있었습니다.

스위스의 법인설립은 몇몇 해당 요건(주주, 이사진, 컴플라이언스 오피서, 자본금, 현지주소 등)이 마련되어야 합니다. 또한, 완료 후 최소한의 기본 틀인 스위스 금융당국 Finma에서 규정하는 SRO(Self-Regulatory Organization)을 거쳐 SRO License를 취득하도록 하고 있습니다. SRO License가 ICO의 필수요건은 아니지만 향후 Risk 방지를 위해서, License를 확보하는 것을 조언하고 있습니다. 이번 스위스 방문의 성과 중 하나로 말씀드리고 싶은 것은 스위스 SRO는 일반적으로 6주 정도 걸리지만, 현지 로펌과 신속한 진행으로 2주 정도의 Fast Track으로 진행할 수 있는 가능성을 열었으며, 기존에 SRO까지 마친 법인들을 매입하여 시간을 줄 일 수 있는 방안을 마련하였다는 점입니다.

그리고 스위스 재단법인의 형태로 진행하는 것을 추천하는 한국의 컨설팅회사도 눈에 띄게 많았는데, 제대로 현지 사정을 몰라서 그냥 던지는 제안들로 보입니다. 이유는 간단합니다. 일단 주식회사 형태는 10만 스위스 프랑이 필요한데, 재단법인은 2만 스위스 프랑이면 설립이 가능하고, 세금을 내지 않습니다. 그러한 유인 때문에 추천을 하나 이번 스위스 방문에서 명확히 한 사실은 스위스 현지에서도 재단법인 설립 목적 변경이 불가하고 감독청에서 목적 사항 위반을 계속적으로 체크하므로 아주 위험하다고 경고하였습니다. 그러므로 제대로 된 컨설팅을 받고 안전한 ICO로드맵을 짜야만 성공적인 ICO를 진행하실 수 있다는 점을 말씀드립니다.

마지막으로 ICO는 제대로 된 블록체인 기반 사업을 위한 시작일 뿐입니다. 기업이 ICO를 실시하더라도 추후 전개할 많은 부분이 있습니다. 첫째, 해당 ICO를 통해 구현되는 Block-Chain의 기술을 확보하고 안전한 기술 시스템을 마련되어야 합니다. 둘째, 자신의 Token을 알려야 합니다. 셋째, 해당 Token이 거래될 수 있는 거래소를 확보하여야 하며, 넷째, Fiat (국가화폐)로 변환하기 위한 금융거래를 해야 합니다. 다섯째, 변환되어진 Fiat를 기술 개발을 위하여 본국으로 반입하여야 합니다.

저는 현재까지도 암호 화폐 거래소들과 기존 글로벌 시장 참여자를 하나의 네트워크에 연결하여 다양한 크립토-피아트(Crypto-Fiat) 상품을 실시간으로 거래할 수 있는 ECN(Electronic Communication Network) 코인 프로젝트와, 전 세계 아마추어 작가들의 그림을 하나의 오픈플랫폼에서 거래할 수 있는 블록체인 프로젝트 등의 리걸어드바이저의 역할을 수행하고 있습니다. 그 밖에도 헬스케어 데이터 및 개인 맞춤형 솔루션 플랫폼, 공기청정기 인공지능 로봇 프로젝트, 카지노 코인 등 다수 블록체인·ICO 컨설팅을 진행 중에 있습니다. 세상은 변화하고 있습니다. 이전과는 비교할 수 없는 속도로 변화하고 있습니다. 이 시점에서 규제가 혁신을 방해해서는 안 된다는 점을 스위스 출장을 통해 다시 한 번 느끼게 되었습니다.

🅑 스위스 ICO 유의사항

제일 먼저 스위스 법인 설립에 대하여 알아보겠습니다. 먼저, 주식회사(AG)와 유한회사(Gmbh)의 차이는 자본금이 AG의 경우 CHF 100,000(십만 스위스 프랑) Gmbh의 경우 CHF 20,000(이만 스위스 프랑)으로 큰 차이가 있습니다. 그리고 외환관리법 상의 해외법인 설립 신고는 법무법인을 통한 신고대행으로 사전 리스크 체크가 필요합니다.

스위스 현지의 사무실에 대해서는 주소지는 제휴(스위스)law firm을 통해 사무실과 주소를 대여하여 주는데 다만 실제 주소지가 있어야 합니다. 과거 PO박스&가상주소로는 법인설립이 불가능합니다. 전체적으로 기간은 대략 일반적으로 2달 이상 소요되나 수행 법무법인의 know-how로 2주에서 3주 정도로 앞당길 수 있습니다.

그 다음으로 스위스 ICO 절차 중 매우 중요한 SRO 멤버쉽 취득 절차를 설명 드리겠습니다. 스위스에는 FINMA산하 13개 SRO가 있으며 Zug주의 VQF가 가상화폐에 매우 친화적인 것으로 알려져 있습니다. 13개 SRO의 정책과 가입 Member가 달라 가장 적절한 SRO를 선택하는 것이 관건인데, 필요하다면 두 곳을 신청하여 먼저 되는 곳을 선택하는 것도 한 가지 방법이 되겠습니다. 소요되는 기간은 SRO에 따라 다르므로 전체적으로 경험 있는 변호사를 통한 효과적인 신청절차 진행이 필요합니다.

VQF Verein zur Qualitätssicherung
von Finanzdienstleistungen

Zug, 24. März 2020 / JR

Beschluss über die Aufnahme in den VQF Verein zur Qualitätssicherung von Finanzdienstleistungen als SRO-Mitglied VQF

Sehr geehrter Herr Kob

Wir freuen uns, Ihnen mitteilen zu dürfen, dass der VQF Verein zur Qualitätssicherung von Finanzdienstleistungen Ihr Gesuch geprüft und Ihre Aufnahme als SRO-Mitglied in den VQF, eine gemäss Art. 24 ff. des Geldwäschereigesetzes (GwG) durch die Eidgenössische Finanzmarktaufsicht offiziell anerkannte Selbstregulierungsorganisation nach GwG, beschlossen hat. Ihre Mitgliedernummer ist die

(Zug주의 SRO 멤버쉽 VQF)

그리고 스위스 금융당국인 FINMA로부터 No-action Letter를 받는 방법을 설명 드리고자 합니다. FINMA는 한국의 금융위원회와 같은 금융감독기관으로 은행, 보험, 증권, 가상화폐를 감독합니다. SRO 라이센스 취득에 필요한 No-action letter를 미리 받아 둔다면 까다로운 SRO 라이센스 취득에 도움이 될 것입니다. FINMA의 No-action letter를 받기 위해서는 사전 application과 답변서를 작성할 수 있는 능력이 있어야 하고, 일반적으로 기간은 약 3개월 정도로 예상하면 됩니다.

RECEIVED 24 OCT 2019

finma
Eidgenössische Finanzmarktaufsicht FINMA
Autorité fédérale de surveillance des marchés financiers FINMA
Autorità federale di vigilanza sui mercati finanziari FINMA
Swiss Financial Market Supervisory Authority FINMA

EINSCHREIBEN

Referenz:

Bern, 22. Oktober 2019

Finanzintermediäre Tätigkeit nach Geldwäschereigesetz

Sehr geehrte Damen und Herren

Gemäss uns vorliegenden Angaben ist   weder einer
Selbstregulierungsorganisation (SRO) angeschlossen, noch steht sie unter
der direkten Aufsicht der FINMA.

Wir bitten Sie, uns schriftlich mitzuteilen, welche Tätigkeiten
AG ausübt. Sofern die Gesellschaft nicht mehr berufsmässig als Finanzin-
termediär tätig ist, unterzeichnen Sie bitte zusätzlich die beiliegende Selbst-

(FINMA의 No-action letter)

다음은 ICO 뿐만 아니라 해외비지니스를 위한 필수 조건인 해외계좌 개설에 대해서 알아보겠습니다. 페이코인 ICO를 성공시킨 요소 중에 제일 중요한 요소가 바로 해외계좌개설입니다. ICO에 적대적인 대형 글로벌 은행들은 ICO자금에 대하여 계좌 셧다운 등의 조치를 언제라도 취할 수 있기 때문에 이러한 리스크를 없앨 수 있는 해외계좌가 반드시 필요합니다. 대한민국의 경우 ICO를 원하는 많은 기업들이 싱가포르를 찾고 있지만 싱가포르는 글로벌 은행들의 정책에 따라 언제든지 계좌사용에 발이 묶이는 상황이 발생할 수 있어 안전한 ICO 국가가 아닙니다. 스위스는 캔톤이라고 부르는 각 지방자치단체 마다 별도의 은행들이 존재하고 이러한 은행들은 미국 등의 은행정책에 영향을 받지 않는 안정적인 계좌를 운영하고 있습니다. 그러므로 장기적인 관점에서 계속기업으로서의 ICO를 하고자 한다면 해외계좌를 안정적으로 운영할 수 있는 스위스가 적당하다고 할 것입니다.

스위스는 돈세탁방지법의 엄격한 심사로 인하여 KYC/AML의 까다로운 절차를 이행해야 하므로 신뢰도 있는 로펌을 통해 계좌개설절차를 진행하는 것이 안전합니다. 한국의 까다로운 외환관리법을 통과하기 위하여 가상화폐 친화적인 스위스 은행을 통한 계좌개설 및 비트코인 매입으로 외환송금을 진행할 수 있습니다. 선택하는 은행별로 소요시간이 다른데 최소한 두세 달은 걸립니다. 계좌개설을 위한 은행 인터뷰절차를 준비하는 것도 중요합니다.

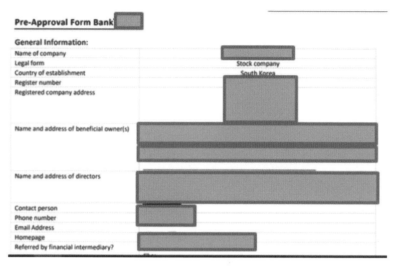

Pre-Approval Form Bank

General Information:

Name of company
Legal form
Country of establishment
Register number
Registered company address

Name and address of beneficial owner(s)

Name and address of directors

Contact person
Phone number
Email Address
Homepage
Referred by financial intermediary?

Stock company
South Korea

(스위스 계좌 개설 관련 서류)

마지막으로 스위스 ICO의 마지막 관문이라고 할 수 있는 기술심사 (Tech Audit)에 대해 알아보겠습니다. 가상화폐의 신뢰성과 안전성을 위하여 스위스에서는 기술 심사를 제도화 하였습니다. 기술심사는 SRO 취득후 6개월 내에 통과하여야 하는데, Audit 절차가 워낙 까다로워 경험이 있는 law firm과 변호사의 역량에 많이 의존하게 됩니다. 또한 기술심사 절차 전반에 걸쳐서 tech auditor로 지정되는 현지 Accounting firm과의 협업이 필수입니다. 기술심사를 통과하지 못하게 되는 경우에는 SRO 라이센스가 박탈되는 경우도 발생할 수 있으니 각별히 주의하여야 합니다.

Ergänzung zum Bericht zur GwG-Prüfung im Bereich Krypto

1   Angaben zum Mitglied

1.1	Name, Vorname bzw. Firma		
1.2	Geschäftstätigkeit:		
	Wechseltätigkeit (FIAT-Krypto, Krypto-FIAT, Krypto-Krypto)	☒ ja	☐ nein
	Automaten (ATM) zum Wechsel von Kryptowährungen?	☐ ja	☒ nein
	Wechsel von Kryptowährungen via Internet (Online)?	☐ ja	☒ nein
	Werden für jeden Kunden unabhängig vom Schwellenwert gemäss den Vorgaben für Geld- und Wertübertragung (MT) erfüllt (3-Parteienverhältnis nicht ausgeschlossen)?	☐ ja	☒ nein
	Wegen Sicherstellung 2-Parteienverhältnis (z.B. Paperwallet) werden GwG Files ab CHF 5'000 erstellt?	☐ ja	☒ nein
	Initial Coin/Token Offering durchgeführt (ICO/ITO)?	☐ ja	☒ nein
	ICO untersteht dem GwG, weil:	☐ ja	☒ nein
	Unterstellungserklärung unterzeichnet?	☐ ja	☒ nein

(Tech Audit 관련 서류)

🅑 블록체인 ICO의 향후 전망

　2018년 8월경 아래와 같은 글을 투고한 적이 있습니다. 지금도 가상화폐를 접하는 대부분의 사람들이 투기 내지는 투자의 수단으로 이를 인식하고 있지만 특금법의 제정 등 이제는 실질적인 가상화폐의 시대가 도래하고 있습니다. 곧 블록체인의 세상이 인류의 삶을 변화시키는 시대적인 현상임을 인식하고 기술에 대한 좀 더 바른 인식이 정착될 것입니다. 투기수단이 아닌 블록체인 기반의 제2의 인터넷 시대를 열어줄 수단으로서 가상화폐의 역할에 거는 기대가 큽니다.

최근 블록체인 ICO 컨설팅을 함께 수행하고 있는 멤버 회계법인의 담당 회계사님께서 전화가 오셨습니다. 갑자기 ICO시장이 침체되어 심각한 시장 변화가 감지되는데 관련 컨설팅을 하고 있는 변호사인 저는 별고 없는지 안부전화였습니다. 당연히 업계의 모든 사람들이 체감하고 있겠지만 기축통화역할을 하던 이더리움 등의 폭락으로 ICO 시장은 완전히 얼어붙었습니다. ICO를 완료하고 이더리움을 받았던 기업들은 투자받은 대부분의 금액이 순식간에 증발해버리는 일이 벌어졌고, ICO를 준비하고 있던 많은 기업들이 기존과는 다른 방법을 찾아 분주하게 움직이는 상황을 가장 가까이서 목격하였습니다. 그리고 컨설팅의 내용도 변화가 큰데, 이전에는 ICO 컨설팅 요청이 쇄도하였다면 지금 연락이 오는 의뢰인들은 대부분 중국으로 송금한 이후 코인을 받지 못한 사기 피해자들, 동업투자자들 간의 정산금 분쟁과 같은 시장의 부작용으로 인한 피해자 그룹의 자문요청이 많아졌습니다.

향후 업계의 전망이 어떨 것 같은지 많은 분들이 묻습니다. 저는 "대세는 거스를 수 없다." "혁신은 멈추지 않는다." 정도로 답변을 드립니다. 지금의 혼란스러움은 일종의 "성장통"으로 판단합니다. 국내 블록체인 시장은 시작부터 태생적으로 정부가 처음 걱정했던 유사수신, 사기, 다단계와 같은 근거 없는 투자에 따른 부작용을 안고 출발하였습니다. 그로인하여 붐업이 되기도 했지만 언젠가는 그것을 정리하고 제대로 된 기술혁신과 그에 기반한 건전한 투자로 나아가는 과정이 반드시 필요했다고 봅니다. 이러한 과정을 거치고 나면 우리가 꿈꾸는 직접민주주의, 거래비용 없는 금융시스템, 해킹으로부터 안전한 탈중앙화 등을 이루어낼 수 있다고 봅니다.

저는 국회에서 주최한 많은 토론회에 토론자로 참여하였고, 특별히 국회가 주최하고 해외 여러 나라들의 국회의원이 참석한 블록체인 글로벌 컨퍼런스에서도 많은 사람들을 만났습니다. 국회, 정부, 기업, 투자자 등 혁신을 주도하고 있는 사람들과 이야기 나눈 결과 결국 "지금의 블록체인 혁신이 인류의 삶을 변화시킬 것이다."라는 결론에 대해서는 부정할 수 없는 명제가 되었습니다.

🅱 가상화폐의 사용과 현금영수증

최근 SSG페이, 페이코인 등 물품을 구매할 수 있는 가상화폐들이 속속 늘어나고 있습니다. 그런데 가상화폐를 이용해서 물건을 구매하면 현금 영수증을 발급받을 수 있을까요?

먼저, 14년전 국세청 회신에 따르면 "화폐대용증권"에 한하여 현금영 수증이 발행되고 "사이버머니나 포인트"에 대해서는 현금영수증이 발급 되지 않는다는 기준이 있었습니다. 그리고 현재까지 OK캐쉬백 포인트는 현금영수증 발행이 안 됩니다. 즉, 쿠폰 및 즉시 할인 금액, 포인트 사용 결제 금액은 현금 영수증 발급 대상에서 제외됩니다.

하지만 현재 카카오머니나 SSG페이는 자동으로 현금영수증 발행을 하 고 있고, 해당 국세청 회신이 14년전 아주 오래전 회신이고 최근 2015년 국세청 회신에 따르면 충전식전자상품권에 충전 후 구매한 경우에는 현 금영수증을 발급해야한다고 합니다.

현재 많이들 사용하시는 카카오톡 기프티콘도 현금영수증을 발급하고 있습니다. 그리고 Daum캐쉬 사용 약관은 "무통장입금 / 계좌이체 / 편 의점결제 / 상품권(16년건기준) 방식으로 충전한 구매캐쉬를 사용한 경 우, 바로결제 : 무통장입금 / 계좌이체 결제방식 / 상품권(16년건기준) 을 사용한 경우" 현금영수증 발급을 하고 있습니다.

네이버 페이 약관은 쿠폰 및 즉시 할인 금액, 네이버페이 포인트 사용 (현금성, 신용카드 충전 수단 이외 수단으로 충전한 포인트 사용 시) 결제액은 현금영수증 발급 대상에서 제외됩니다. 2019. 1. 1부터 신용카드로 포인트 충전 시 신용카드 매출전표는 제공되지 않으며, 충전한 포인트를 사용하면 현금영수증으로 발행됩니다. 단, 해외에서 신용카드(해외), PayPal로 충전한 포인트는 현금영수증이 발행되지 않습니다. 피망 캐쉬도 충전수단으로 결제시에는 현금영수증 발급됩니다. 결론을 말씀드리자면, 결국 가상화폐가 현금충전수단인 경우에는 현금영수증 발급이 가능할 것으로 판단됩니다.

₿ 가상화폐의 판매가 부가가치세 납부의 대상이 될까요?

부가가치세법 제1조 제1항 제1호는 재화 또는 용역의 공급은 부가가치세를 부과한다고 규정하고 있습니다. 그렇다면 가상화폐가 재화 또는 영역에 해당할까요?

결론적으로 거래소를 통해서 구입하는 가상화폐는 부가세 대상이 아닌 것으로 판단됩니다. 용역은 당연히 아닌 것이고, 가상화폐가 가지는 본질적인 특성상 화폐나 증권과 같은 지급 또는 교환수단 등의 성격을 가지고 있으므로 단순 재화로 보고 부가세를 과세할 수는 없습니다.

국세청은 '비트코인(Bitcoin)이 화폐로서 통용되는 경우에는 부가가치세 과세대상에 포함되지 아니하는 것이나, 재산적 가치가 있는 재화로서 거래되는 경우에는 부가가치세법 제4조에 따라 부가가치세 과세대상에 해당하는 것'(서면법규과-920, 2014.08.25.)이라는 원론적인 해석만 내놓은 상태입니다.

하지만 실무에서는 거래 상대방인 거래소를 비롯하여 어떠한 가상화폐거래소도 가상화폐의 거래에 있어 부가세 거래를 하거나 부가세 신고를 하는 경우는 없는 것으로 확인되었습니다.

현재까지 암호화폐의 회계처리와 관련해서는 어떤 기준도 존재하지 않습니다. 다만 아래 박스 안의 내용과 같은 논의가 현재 진행되고 있는 정도로 파악되고 있습니다. 하지만 이러한 관점에 대해서도 회계사들마다 의견이 분분하고 발행회사와 매입회사 간의 회계는 전혀 다른 접근을 요한다는 의견 등 다양하게 존재하고 있지만 어떤 기준도 정립된 바는 없습니다.

암호화폐는 지급을 보장하는 중앙은행이 없이 유통되는 상품이며 계약에 따라 양 당사자에게 금융자산과 금융부채를 발생시키는 거래가 아니므로 "현금"의 정의 및 "금융상품"의 정의를 충족하지 않는다. 또한 현재 암호화폐는 가치변동의 위험이 경미하지 않으므로 현금등가물의 정의도 충족하지 않는다.

이러한 암호화폐는 개념체계상 자산의 정의는 충족하는 것으로 판단되나 구체적인 회계처리를 명확히 규정하고 있는 기준서는 현재 KIFRS에는 없다.

따라서 기업은 현재 KIFRS 기준하에서는 일반적으로는 기준서 제1038호에 따른 무형자산으로 분류하는 것이 타당할 것이며 원가모형 또는 활성시장 여부를 판단하여 재평가모형에 따라 측정해야 할 것이다.

다만, 거래의 빈번도 등을 고려하여 통상적인 영업과정에서 판매를 위해 보유중인 기준서 제1002호에 따른 재고자산의 정의를 충족한다면 재고자산 회계처리가 적절한 경우도 있을 수 있다.

그 외의 세금이슈와 관련해서는 ① 법인세는 자산만 증가하면 세금부과가 가능하므로 법인세법상 과세대상 소득은 포괄적으로 규정되어 있기 때문에 내국법인이 암호화폐 채굴업이나 암호화폐 매매중개업 등 암호화폐와 관련된 사업에서 벌어들인 소득은 과세대상이 되고, 투자 목적으로 암호화폐를 매매하여 벌어들인 소득 역시 과세대상에 포함된다고 볼 수 있습니다.

② 원래 양도소득세 과세대상 자산에 암호화폐는 포함돼 있지 않았습니다. 따라서 현행 소득세법 하에서는 암호화폐의 양도차익은 양도소득세 과세대상에 해당하지 않았습니다. 정부가 암호화폐의 양도차익에 양도소득세를 과세하기 위해서는 소득세법을 개정하여야 했기 때문입니다. 하지만 2020년 신설된 특정 금융거래정보의 보고 및 이용 등에 관한 법률(이하 '특금법'이라 함)이 제정되면서 2021. 11. 30. '2021년도 세법 개정안'이 의결되었고, 그 내용에는 기존에 2022년부터 가상화폐에 기타 소득세를 부과하기로 했던 세법 개정안을 2023년부터 적용하는 것으로 연기하였습니다. 그래서 결국은 2024년 5월에 종소세 형식으로 처음으로 과세가 이루어질 것으로 전망하고 있습니다. 내용은 간단합니다. 2023년부터 가상화폐를 사고팔거나 빌려주어 번 수익(기타 소득) 중에서 250만원을 기본공제하고 나머지에 대하여 20%의 세금을 내라는 것인데 실제로는 2%의 지방세와 합하여 22%의 기타소득 과세가 이루어지는 것입니다. 그런데 이러한 과세 방안은 2022. 3. 9.로 예정된 대통령 선거의 각종 공략들과 맞물려 대통령 선거 이후에 어떻게 또 변화가 될지 알 수 없는 상황입니다.

③ 상속세 및 증여세법은 과세대상을 폭넓게 규정하고 있기 때문에 암호화폐의 상속이나 증여는 현행 상속세 및 증여세법 하에서도 상속세나 증여세의 과세대상에 해당할 수는 있으나 상증여세법상 세부적인 내용에 대한 규정이 없는 상태입니다.

④ 강남대 세무학과 김병일 교수(저자와 함께 연구용역을 진행한 교수) 또한 '2017년 국세행정포럼'에서 '가상화폐에 대한 과세기준 정립 및 과세방향 모색'논문에서 가상화폐 거래에 대한 과세방향을 소개했습니다. "개인이 단순 투자 목적으로 가상화폐를 사고팔아 매매차익을 거뒀다면 양도소득세를 부과하는 게 바람직하다", "다만 현행 소득세법상 과세대상에 포함돼 있지 않아 규정보완이 필요하다", "가상화폐를 경제적 가치를 가진 재산으로 볼 수 있어 세법상 상속·증여세도 부과할 수 있다", "다만 이를 위해서는 가상화폐에 대한 구체적인 재산 평가 방법에 대한 규정 보완이 필요하다." 사업자의 가상화폐 관련 사업소득에 대해서도 별도 회계기준이 마련되면 세법상 소득세와 법인세를 부과할 수 있다고 봤습니다. 반면에, "부가가치세의 경우 가상화폐의 법적 성격이 재화인지 또는 지급수단인지에 따라 과세 여부가 달라질 수 있다"며 "재화인 경우에는 과세가 가능하나 지급수단으로 볼 경우 비과세가 타당하다"고 설명했습니다. 그리고 "국제적인 동향을 감안하되 거래유형별로 과세대상 여부를 판단해야 한다"며, "혼란이 없도록 법령 개정 또는 세법 해석을 통해 과세대상 여부를 명확히 정립할 필요가 있다"고 의견을 밝혔습니다.

🅱 특금법과 개인정보보호법

개인정보보호법 제24조의2는 정보주체의 동의를 받은 경우에도 법률에 특별히 허용한 경우가 아니라면 주민등록번호는 처리할 수 없다는 엄격한 입장을 명백히 하고 있습니다. 그러므로 현재 정보통신망법상 사업자의 지위에 불과한 회사는 법률에서 특별히 허용한 경우가 아니라면 주민등록번호를 수집할 수 있는 법령상 권원이 없습니다. 만약 이를 위반한 경우에는 정보주체가 동의를 한 경우라고 하더라도 같은 법 제75조 제2항에 의해 3천만원 이하의 과태료에 처하게 됩니다.

특정금융정보법(이하 '특금법'이라 함) 제5조의2 제1항 제1호는 "금융회사등"은 고객이 계좌를 신규로 개설하거나 특정 금액 이상의 거래를 하는 경우에는 "대통령령이 정하는 고객의 신원에 관한 사항" 및 고객을 최종적으로 지배하거나 통제하는 자연인에 관한 사항을 확인하도록 주의 조치를 의무화하고 있습니다. 그리고 제2조 제1호 하목에서는 "금융회사등"에 가상자산사업자를 포함하고 있습니다. 또한 같은 법 시행령 제10조의4는 개인의 경우 실지명의, 주소, 연락처를 고객의 신원에 관한 사항으로 정하고 있어 회사가 가상자산사업자가 되면 "금융회사등"에 포함되게 되고, 금융회사등에 포함된 회사는 신규 계좌개설 당시에 고객의 실지명의를 확인할 수 있는 법령상 권원이 생기게 됩니다.

결국 회사는 특금법상 가상자산사업자가 되어 고객의 실지명의를 확인할 수 있는 권원을 부여받아야 고객의 주민등록번호를 수집할 수 있습니다.

🅱 가상화폐와 외국환거래법

해외에서 ICO한 가상화폐를 국내로 송금하는 경우나 기술개발용역 대금채권의 결제에 사용하는 경우에는 외국환거래법에 대한 검토가 필수적입니다. 검토에서 제일 먼저 외국환거래법상 가상화폐가 무엇으로 정의될 수 있는지 선행적인 검토가 필요합니다. 외국환거래법 제3조 제1항 제3호 상의 "지급수단"은 열거주의로 되어 있어, 정부지폐 등에 해당하지 아니하는 경우에는 지급수단에 포함되지 아니합니다. 가상화폐는 지급수단으로 보기는 힘들 것으로 판단됩니다. 그렇다면 가상화폐를 회계처리를 함에 있어 기타자산 정도로 인식한다면 동법에서 언급되어 지는 "물품"정도로는 볼 수는 있을 것입니다.

해당 사항에 대한 적용 규정은 법 제16조 제4호 "외국환업무취급기관 등을 통하지 아니하고 지급 또는 수령을 하는 경우"로서 대통령령으로 정하는 바에 따라 그 지급 또는 수령의 방법을 기획재정부장관에게 미리 신고하여야 합니다. 동법 시행령 제30조 제1항에 따라 기획재정부장관이 정하여 고시하는 외국환거래규정을 확인해보면 해당거래는 제5-11조 제3항에서 말하는 "물품 또는 용역의 제공, 권리의 이전 등으로 비거주자와의 채권·채무를 결제하는 경우"에 해당하는 거래로서 법 제16조 제4호에 따른 신고가 이루어져야 할 것으로 판단됩니다.

즉 가상화폐를 물품으로 인식할 수 있다면 물품인 가상화례의 제공을 통해 비거주자에 대한 채권을 결제하는 경우로서 외국환거래규정 제5-11조 제3항에 해당하는 것으로 볼 수 있습니다. 그렇다면 신고 방식에 대한 근거 규정을 확인해보아야 하는데, 자본거래와 관련해서는 법 제18조가 존재하기 때문에 법 제18조 제4항 등에 따라 신고의 수리 및 거부에 대한 규정이 법에 명시되어 있습니다. 그런데 자본거래가 아닌 경우로서 법 제16조가 적용되는 경우에는 법 제18조 제4항 등과 같은 규정이 별도로 존재하지 않는 것으로 미루어 보아 이는 수리를 요하지 아니하는 신고 정도로 차별화되어 있는 것으로 판단됩니다.

그러므로 거주자가 비거주자에게 원화채권이 있는데 가상화폐로 대물변제를 하려고 한다면 거주자는 외환당국에 외환거래법 제16조 제4호 및 외국환거래규정 제5-11조 제3항에 따라 신고하고자 한다는 취지로 신고를 접수하면 될 것으로 보입니다.

NFT
제대로 알기

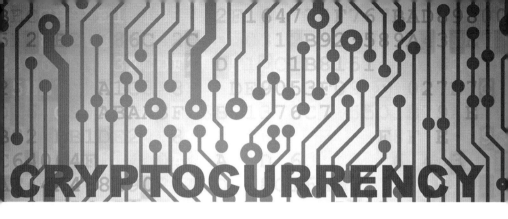

CRYPTOCURRENCY

🅱 대체 불가능 토큰과 메타버스 세상

　NFT(Non-Fungible Token)란 대체 불가능한 토큰이란 뜻인데, 고유의 값을 가진 토큰(가상화폐)으로 희소성을 갖는 디지털 자산을 말합니다. 말 그대로 대체가 불가능하므로 복제가 안 되고, 고유성을 지니고 있어 디지털 등기, 등록으로 생각하면 쉽게 이해될 수 있습니다. 복제가 안 되는 땅문서 같은 것이지요. 여기에 블록체인의 개념 정의인 탈중앙화를 포함하면 결국 등기소는 없는 상태에서의 디지털 등기 정도로 볼 수 있겠습니다. 이것을 좀 더 공학적으로 표현한다면 일반적인 토큰들은 ERC-20이라는 표준을 따르고 돈처럼 대체 가능하며, NFT는 ERC-721이라는 표준을 따르는데 이는 ID나 해시값 등으로 구별이 되어 다른 자산으로 대체가 불가능합니다. 어려운 이야기인데 ERC라는 것은 이더리움의 이용표준 같은 것인데, 이것조차도 최근에는 이더리움이 느리다는 이유로 새로운 블록체인 기반을 이용하는 경우가 늘고 있어 절대적인 기준이 되지 못합니다. 쉽게 설명하면 인터넷 익스플로어가 느리고 여러 가지 불편한 점이 있어 크롬으로 갈아탄다는 정도로 이해될 수 있습니다.

이러한 복제 불가능의 특성이 거래내역의 확인, 소유권의 확인, 거래의 안전성 등의 역할로 작용하여 저작권 등 지적재산권의 확인이 필요한 미술품, 게임 캐릭터 등에 먼저 적용이 이루어지기 시작했습니다. 2017년에는 얼굴 이미지 아바타 1만개 정도로 구성된 "크립토 펑크" 시리즈가 출시되어 NFT의 시작을 알렸습니다. 특히 블록체인 게임에서 NFT가 활성화되었는데, 그 이유는 게임 아이템의 소유권이 게임회사에 있기 때문에 개발사에 의해 쉽게 복제나 변조가 가능했고, 그에 따라 개발사가 아이템을 대량 배포하는 등으로 가치 하락의 위험성이 항상 존재해왔습니다. 그런데 NFT는 아이템의 영원한 소유권을 확인시켜줌으로써 게임 이용자가 안심하고 자신의 게임아이템 수집을 할 수 있는 환경을 만들어준 것입니다.

Top Sales by US Dollar Value
(sort by ETH)

#3100
4.2K⧫ ($7.58M)
Mar 11, 2021

#7804
4.2K⧫ ($7.57M)
Mar 11, 2021

#3011
667⧫ ($1.76M)
Apr 27, 2021

#6965
800⧫ ($1.54M)
Feb 19, 2021

#2066
500⧫ ($1.46M)
May 02, 2021

#1190
400⧫ ($1.38M)
May 18, 2021

#4156
650⧫ ($1.25M)
Feb 18, 2021

#2140
750⧫ ($1.18M)
Mar 02, 2021

#2484
480⧫ ($1.08M)
Apr 19, 2021

#6487
550⧫ ($1.05M)
Feb 22, 2021

#2306
461⧫ ($975.13K)
Apr 18, 2021

#3393
500⧫ ($954.65K)
Mar 13, 2021

(출처 크립토펑크 홈페이지)

2019년 NFT시장 규모는 약 29억원 정도였는데, 2020년에는 약 4천억원 정도로 급상승했고, 2022년에는 약 42조원, 2025년에는 100조원 시장을 예측하고 있습니다. 그도 그럴 것이 현물 세상에 존재하는 왠만한 물건은 모두 NFT를 통해 사이버세상으로 들어갈 것이고, 현물 세상에는 존재하지 않지만 사이버세상 속에서 새롭게 만들어지는 NFT 자산들이 어마어마할 것이기 때문에 실로 새로운 우주가 탄생하는 것입니다.

그렇다면 그러한 NFT를 거래하고 사용하고 전시하는 사이버 세상이 존재해야할 것입니다. 이러한 필요성에 의해 NFT와 함께 관심의 대상이 되고 있는 것이 바로 "메타버스"입니다. 메타버스란 초월 또는 가상이라는 뜻을 가진 meta와 세계를 의미하는 universe의 합성어로, 1992년 출간된 소설 '스노 크래시' 속 가상 세계 명칭인 '메타버스'에서 유래하는 단어입니다. 즉 현실을 디지털 세상으로 확장시키는 것으로 쉽게 말해서 가상세계 속에서 정치, 경제, 사회, 문화 활동을 할 수 있게 만드는 시스템입니다.

저자가 새로운 우주의 탄생이라고 말씀 드린 이유가 바로 이것입니다. 예를 들어 현실 세계에 존재하는 모든 운동화에 NFT를 탑재해서 메타버스 세상에 올렸다고 하더라도 현실 세계에는 존재하지 않는 메타버스에서 만들어진 사이버 운동화가 존재하기 때문에 운동화의 세계는 창작자의 상상력에 따라 무한정 확장되는 것입니다.

사이버 운동화를 NFT 시장의 경제적 가치로 이야기하자면 가상운동화 브랜드 RTFKT는 2021년경 가상운동화를 제작하여 판매하였는데 약 37억원의 수익을 냈습니다. 현실세계의 운동화가격도 이렇게까지 나가지는 않을 것인데, 사이버 운동화에 NFT를 탑재했을 뿐인데 가격이 상상을 초월하며 NFT 시장의 가치를 극명하게 보여주는 사례가 되었습니다.

　이후 세계1위 스포츠브랜드 나이키는 RTFKT를 인수해 버렸고 운동
화 정보를 NFT로 제공하는 방법 등에 관한 특허를 출원하여 2021년 6
월 등록을 받았습니다. 즉 나이키 소비자에게 있어서 운동화는 단순히
신고 다니는 신발이 아닌 소장품, 수집품으로서의 가치도 있다는 것을
간파하고 NFT를 통해 소비자가 실물 운동화의 소유권을 추적하고 정품
여부를 확인할 수 있도록 해준 것 입니다. 사실 특허청 NFT IP 전문가협
의체에 유일하게 참여한 기업이 바로 나이키이기도 했습니다. 즉 나이키
는 운동화가 가지는 의미를 메타버스의 세상에서 새롭게 모색하고자 하
는 비즈니스 모델을 만들어가고 있는 것입니다.

미술시장과 관련하여 말씀 드리자면 최근 디지털아티스트 비플의 NFT 작품 '매일: 첫 5000일'은 뉴욕 크리스티 경매에서 약 780억원에 거래됐습니다. 서울 옥션에서 인사를 나눈 적이 있는 한국의 마리킴이라는 작가는 제가 처음 인사를 나눌 2013년 당시 300만원에서 500만원 정도를 호가하는 작품들이 다수를 이루었는데 NFT 작품으로 새로운 모멘텀을 만든 대표적인 작가입니다. 마리킴의 NFT 작품 'Missing and found(2021)'은 최초 오천만원으로 시작해 288 이더리움(한화로 약 6억원 정도)에 낙찰됐습니다. 이는 시작가에서 11배 이상 올라간 가격으로 현재까지 거래된 마리킴의 작품 중에서도 최고가에 해당합니다.

(출처 비플/크리스티)

(출처 피카프로젝트)

₿ NFT와 저작권법

NFT를 탑재하는 대상 파일은 크게 이미지, 동영상, 오디오, 텍스트, 게임캐릭터, 게임아이템, 가상부동산, 도메인 등을 들 수 있습니다. 뭔가 어디서 많이 본 대상들일 것입니다. 바로 저작물들입니다. 사진저작물, 영상저작물, 미술저작물, 음악저작물, 컴퓨터프로그램저작물, 편집저작물 등 현재 저작권의 대상이 되는 매체에 따라 구분되는 저작권과 그 대상이 비슷합니다. 즉 창작물에 대한 저작권을 사이버 세상에서 NFT로 구현한 것입니다.

특허청에서도 NFT 전문가 협의체를 구성할 때 그 협의체의 이름을 NFT· IP 전문가 협의체라고 명명하였습니다. 그만큼 IP에 대한 지식이 바탕이 되지 못하면 NFT와 관련한 법률관계를 정확하게 이해할 수 없다는 결론입니다.

NFT 시장이 현재의 저작권법 체계와 불협화음을 내고 있는 대표적인 사례 한 가지를 소개합니다. 프랑스 명품브랜드 메르메스의 '버킨백(버킨백은 미국 드라마 섹스앤드시티에서 "이건 가방이 아니야! 버킨이라구! 라는 대사로도 유명할 만큼 최고급 명품 가방의 대표적인 상품입니다.)'을 디지털화한 메이슨 로스차일드라는 작가의 '메타버킨스'라는 작품이 세계최대 NFT거래소인 오픈시(OpenSea)에 올라왔습니다. 버킨백을 NFT화한 NFT브랜드 '메타버킨스'는 약 10억원어치가 팔렸는데 버킨백의 NFT 하나가 최대 1억원에 거래되는 등 큰 인기를 끌었습니다. 하지만 문제는 로스차일드 작가가 저작권자인 에르메스사의 동의를 얻은 적이 없다는 것입니다. 즉 '메타버킨스'는 전형적인 상표권 및 저작권 침해를 한 것이라는 주장이었습니다.

그리고 국내에서는 20021년 6월경에는 국내 한 경매 기획사가 한국 근현대 미술 작가 중 가장 잘 알려진 김환기·박수근·이중섭의 실물 작품을 스캔해 디지털 파일로 만들고, 이것을 NFT로 발행해 경매에 올리려고 했습니다. 이러한 작가들의 작품을 NFT로 소유할 수 있다는 사실에 경매계에서는 화제가 됐지만 정작 저작권 침해 여부에 대해서 사전 검토가 없었고 유족과 작가 이름을 딴 재단의 반발로 경매는 무산됐습니다. 즉 경매 기획사가 작품의 저작권자에게 허락을 받지 않았고, 스캔을 했다고 하는 작품이 실물인지 여부에 대한 확인조차 되지 않았기 때문입니다.

저작자의 동의 없는 NFT발행이라는 심각한 문제가 발생하고 있습니다. 이와 관련하여 특허청을 비롯한 전문가협의체의 논의가 있겠지만 사견으로는 저작권법을 개정하여 NFT발행도 저작재산권 중 복제권의 범위 내로 보고 NFT 발행은 저작자의 동의를 얻지 못한 경우에 저작재산권 침해로 포섭하는 것이 타당할 것으로 보입니다. 그렇지 못할 경우에는 동일한 저작물에 대한 현실 세계에서의 저작권자와 메타버스 세상에서의 NFT발행자가 달라지는 혼란을 초래할 수 있기 때문입니다. 결론적으로 앞서 설명 드린 메타버킨스는 에르메스의 상표권 및 저작권을 명백히 침해한 NFT발행이 되는 것이고, 김환기·박수근·이중섭의 작품을 스캔한 행위도 전형적인 저작재산권 중 복제권 침해행위가 되는 것입니다.

또 한 사지 사례를 예정해보겠습니다. 만약 메타버스 상에 A라는 캐릭터 NFT가 있는데, 아주 유명하다고 합시다. 그런데 누가 그와 유사한 B라는 캐릭터를 제작하여 NFT를 발행하였다면 그 법률관계는 어떻게 될까요? 먼저 A라는 캐릭터가 저작권이 인정되는 저작권법의 보호대상이라면 저작권 침해여부는 의거성 및 실질적 유사성으로 판단합니다. A캐릭터가 유명하고 먼저 생성된 것이므로 의거성은 당연히 인정될 것입니다. 그런데 실질적 유사성의 측면에서는 B라는 캐릭터가 완전히 동일한 것은 아니라는 점입니다. NFT의 역할은 동일한 해시값이 부여될 수 없어 A와 완전히 동일한 복제물의 유통을 막을 수 있을지는 몰라도 거의 유사한 형태, 실질적으로 유사한 형태의 B를 만들고 별도의 해시값을 부여하는 방식으로 침해가 이루어지는 경우에는 무력할 수밖에 없습니다. 침해를 하고자 하는 사람의 입장에서는 동일한 것이 아니라 유사한 것을 만들어 NFT를 부여할 것이기 때문입니다.

그 다음으로 A와 B라는 캐릭터는 어떻게 보호되는지 살펴보아야 합니다. 만약 특정 연예인이라고 한다면 얼굴과 말투, 목소리 등 해당 연예인의 ID(identity) 요소들과 어느 정도로 유사해야 침해로 인정될까요? 그리고 침해된 권리는 퍼블리시티권? 성명권? 초상권? 인격권? 과연 무엇일까요? 이하에서는 이러한 문제에 대하여 현재 법원의 판례 검토 등을 통해 살펴보도록 하겠습니다.

🅑 연구노트, 기획안도 이제는 보호받을 수 있습니다

NFT의 활용성에 있어서 눈에 띄는 부분 중에 하나가 바로 연구노트의 보호입니다. 이러한 NFT의 역할이 논의되기 전에는 연구노트의 유용을 방지하기 위한 여러 가지 논의가 있어왔습니다. 그 중에서도 기획안과 관련된 쟁점을 소개해 드리겠습니다. 제가 직접 자문을 진행했던 사건이

기도 한 "스타강림"사건은 기획안의 보호와 관련한 많은 고민들을 던진 사건입니다. 아래의 글은 이와 관련하여 2017년 9월경 "arte365"라는 한국문화예술교육진흥원의 잡지에 〈학교예술 강사와 문화예술 교육기획자가 창작한 "기획안"의 법률관계와 권리보호 방안〉이라는 제목의 칼럼으로 기고했던 글입니다.

"재산"이라면 다들 좋아 하시잖아요? 서로들 많이 가지겠다고 아우성들이죠. 그런데 정작 자신이 창조한 정신적 결과물에 대해서는 이것이 재산인지, 내가 어떻게 주장해야 하는지 조차도 모르는 사람들이 많습니다. 과거에는 부동산, 유체동산과 같은 눈에 보이는 재산이 중심이었다면 4차 산업혁명 시대라 불리는 현재는 지식재산, 즉 눈에 보이지는 않지만 정신적 노동의 산물들로 재산권의 중심이 옮겨가고 있습니다. 그렇다면 지금 시대에는 자기 건물이나 자동차를 지키듯이 내 지적재산도 지킬 수 있는 기본적인 법률지식이 필요합니다.

문화예술교육 분야의 중심에서 누구보다 창조적 지식의 법률관계에 대해 잘 알고 있어야 할 전문가들임에도 초중고등학교에서 문화예술 분야의 교육을 담당하는 '학교 예술 강사' 뿐만 아니라 교육프로그램을 기획하고 실행하는 '문화예술 교육기획자'도 자신이 스스로 만들어낸 독창적인 커리큘럼 '기획안'에 대해 어떤 권리가 있는지, 어떤 방식으로 권리를 지켜낼 수 있는지 알지 못하는 경우가 많습니다.

이에 우리학교예술 강사들과 문화예술 교육기획자들이 창조하는 '기획안'을 중심으로 권리의무 관계를 살펴보고 향후 권리보호방안에 대해서도 생각해보는 기회를 가지고자 합니다.

먼저 '기획안'의 법률적 성격입니다. 기획안의 법률분쟁과 관련하여 최근 재미난 사건이 언론에서 보도된 적이 있는데, 바로 '스타강림' 사건입니다. 콘텐츠플래너 라는 제작사가 "한국과 중국의 스타들이 두 나라의 기업으로 나뉘어 1박2일 혹은 2박3일 촬영을 갖고 다른 문화권의 회사원으로 일한다는 콘셉트"의 프로그램 기획안을 만들어 중국의 투자자와 계속적인 동업 절차를 진행하였으나, 사업이 진행되지 못하였습니다. 그 후 중국의 투자자는 자신이 보유하고 있던 콘텐츠플래너의 기획안을 한국의 다른 제작사인 케이콘텐츠에 제공하여 케이콘텐츠가 이를 수정보완하여 스타강림이라는 제목을 달고 동일 콘셉트의 프로그램의 제작에 들어간 것입니다. 이에 최초 기획안을 만든 콘텐츠플래너는 자신의 기획안이 도용되었다며 제작금지가처분을 서울중앙지방법원에 제기하였지만 패소하였다는 사건입니다.

여기서 기획안을 최초로 만들어낸 콘텐츠플래너는 왜 법원에서 아무런 권리도 인정받지 못했을까요? 콘텐츠플래너가 바로 학교예술 강사와 문화예술 교육기획자의 모습일 수 있습니다. 기획안이라는 것은 전적으로 아이디어를 중심으로 구성된 하나의 지적 스케치입니다. 그런데 우리나라는 아이디어를 저작권으로 보호해주지 않고 있습니다. 생각만 있으면 안 되고 표현이 되어야 한다는 것입니다. 즉 그것이 글이든 영상이든 그림이든 표현이 된 대상물만 저작물로서 보호된다는 것입니다. 그렇다면 여러분들은 저에게 "기획안이 글이지 뭡니까?"라고 질문을 하실테지만 글로 표현된 어문저작물은 그 표현을 중시하는 것이지 그 이면의 아이디어를 보호해주지 못합니다. 즉 기획안의 내용들을 다른 표현과 다른 글로 바꿔 적고 새로운 기획안처럼 꾸며 놓으면 결과물의 콘셉트는 유사해도 전혀 어문저작물 침해가 아닙니다. 스타강림 사건에서도 그렇습니다. 만약 콘텐츠플래너의 기획안을 복사를 해서 이용했다면 어문저작물의 침해가 될 수는 있겠지만 남의 기획안을 이용할 사람이 그렇게 단순무식한 방법을 쓰지는 않겠지요? 그런데 우리 법원은 저작권 침해에 있어 그런 데드카피 수준의 복제를 주로 침해로 인식하고 있어 문제이긴 합니다.

기획안이 저작권으로 보호받지 못한다면 '부정경쟁방지법'상 영업비밀로 보호될 수는 없을까요? 영업비밀이라는 단어에서 알 수 있듯이 뭔가 더 거창하고 어려운 말 같습니다. 스타강림 사건에서도 주장된 바 있지만 전혀 받아들여지지 않았습니다. 영업비밀이 되려면 영업비밀로서 유지 관리가 되어야 합니다. 영업비밀에 접근가능한 사람이 한정되고 패스워드가 존재하는 등 영업비밀의 표지를 가지고 있어야 하는데, 기획안은 대외적으로 보여주기 위한 목적이 강하기 때문에 영업비밀로서도 보호받지 못합니다.

제가 여러분들의 강연업계 경쟁자로서 당장 강연을 많이 하고 다니다 보니 강연업체와 교류할 일이 많이 있습니다. 강연업체에 강연 프로그램을 요청하는 기업들이 많다고 합니다. 특정한 종류의 커리큘럼으로 특정한 수준의 강사를 모아서 특정 목적의 강연을 하고자 하니 전체적으로 프로그램을 진행해달라는 요청이죠. 그러면 강연업체는 취지와 목적에 맞는 프로그램과 강사를 열심히 세팅하고 기획안을 만들어 제공합니다. 그런데 모든 기업이 그렇지는 않지만 열에 아홉은 그 프로그램만 받고 강의진행을 하지 않는다고 합니다. 그 중 더 악랄한 기업은 그 프로그램을 받아들고 자신들이 그에 맞는 저렴한? 강사들을 섭외하여 강의를 진행한다고 하니 참으로 답답한 노릇이지요. 이에 대해 문제를 제기할 필요성이 있다는 이야기를 전했지만 강연업체는 갑질 당하는 을로서 아주 순종적으로 지금의 상황을 받아들이고 있었습니다.

이런 기획안 도용을 막을 수 있는 법률적 장치가 있기는 합니다. 바로 양해각서(MOU)의 활용입니다. 양해각서라고 하면 뭔가 큰 단체들이 교류하면서 사진 찍기 위해 만드는 서류 정도로 생각하는 사람들이 많은데요, 업무를 제휴하는 과정에서 발생할 수 있는 법적 문제를 사전에 예방할 수 있는 좋은 장치가 될 수 있습니다. 즉 "협약 당사자는 각자의 비밀보호 방침을 존중하며, 업무협력 과정에서 상호 취득한 비밀과 업무 내용에 대하여 상대방의 승낙 없이 임의로 외부에 누설 또는 공개하지 않는다."는 비밀유지 조항을 양해각서에 포함하면 향후 위반 사항에 대해 손해배상 청구가 가능하게 됩니다.

"양해각서는 법적 효력이 없지 않나요?"라는 질문이 또 나올 수 있습니다. 결론적으로 MOU라는 명칭 때문에 효력이 결정되는 것은 아닙니다. 명칭이 무엇이든 그 구체적인 효력은 당해 MOU의 내용에 어떤 것들이 규정되어 있는가에 따라 달라집니다. 일반적으로 의향서는 협상기간 동안의 우선협상권 및 비밀유지의무 정도를 법적인 의무로 규정하고 나머지 사항들은 협조사항에 불과한 경우가 대부분이며, 양자의 공통의 비전에 대해서 추상적인 규정을 두는 경우가 많습니다. 그렇기 때문에 비밀유지 조항을 포함하여 비밀유지 조항은 법적 효력을 가진다는 규정을 두기만 하면 일단 계약서랑 다를 것이 없습니다.

창조적 활동을 하는 사람들에게는 자본가들의 접근이 많습니다. 제가 직접 진행한 사건만 해도 웹툰 작가, 애니메이션 캐릭터 작가, 연예인 등 많은 예술가들이 자본가들로부터 여러 가지 제안을 받습니다. 뿐만 아니라 지적 창조물을 생산하는 학교 예술 강사와 문화예술 교육기획자 여러분들도 자신들의 아이디어를 제공하고 협업을 해야 할 일이 많이 있습니다. 그렇다면 자신의 아이디어를 도용당하지 않기 위해 업무 협상 동안 비밀유지 의무를 상대방에게 부여하는 협약서를 활용해 보는 것도 좋은 방법이 될 것입니다.

만약 그 외의 제3자, 즉 다른 강사나 강연업체에서 기획안을 모방하여 강연프로그램을 진행한다면 "타인의 상당한 투자나 노력으로 만들어진 성과 등을 공정한 상거래 관행이나 경쟁질서에 반하는 방법으로 자신의 영업을 위하여 무단으로 사용함으로써 타인의 경제적 이익을 침해하는 행위"로서 부정경쟁방지법 상의 부정경쟁행위로 보아 형사고소나 손해배상 민사소송을 진행해 볼 수도 있겠으나, 형사고소도 가능한 만큼 법원은 부정경쟁행위를 아주 엄격하게 해석하고 있으므로 현실적으로는 실현 가능성이 낮아 보이기도 합니다.

이러한 논의를 할 수밖에 없었던 이유는 연구노트, 기획안 등은 저작권이나 영업비밀로 보호되지 않기 때문에 특별히 비밀유지계약(NDA)를 별도로 체결하여 계약상 의무로서 보호받는 방법밖에 없었기 때문에 비밀유지조항을 NDA나 MOU에 포함시켜 강제하는 방법을 사용하도록 권유하기 위함이었습니다.

하지만 특허청은 "특허권이나 상표권 등에 NFT를 적용해 지식재산 거래를 활성화하거나, 발명·창작 과정이 담긴 연구노트에 NFT를 부여해 발명 이력 등 고유성을 증명하는 방안 등을 모색할 것"이라고 밝힌 바 있습니다. 그리고 현재 특허청은 '영업비밀 원본증명서비스' 등을 통해 지식재산제도에 NFT 특성을 활용하는 방법을 적극 도입하고 있는 상황입니다.

🅱 개그맨의 캐릭터도 메타버스의 세상에서 NFT로 보호되는 시대

　본격적으로 엔터테인먼트와 관련한 NFT 이야기를 시작해보겠습니다. 최근 플레이댑이라는 블록체인 서비스 플랫폼이 저자가 소속된 기획사인 제이디비엔터테인먼트와 파트너십을 체결하였습니다. 내용은 메타버스 플랫폼 '로블록스(Roblox)'에 출시된 신작 '플레이댑 랜드(PlayDapp Land)' 내에 'JDB 월드(가칭)'를 구축하여 일반인과 개그맨들이 함께 호흡하며 코미디 공연을 즐길 수 있는 메타버스 콘텐츠를 마련한다는 계획입니다. 플레이댑의 NFT 캐릭터로 구현된 아바타를 비롯해 숨바꼭질처럼 간단하게 즐길 수 있는 미니게임 공간이 만들어지는 것입니다. 플레이댑은 블록체인 기술 기반의 개인간(C2C) NFT 마켓플레이스를 제공하는 디앱(dApp) 게임 포털과 메타버스 콘텐츠를 제공하고 있는데, 아무래도 블록체인 기반의 게임업체는 메타버스 실현에도 빠를 뿐만 아니라 캐릭터 제작 등에 강점이 있으므로 메타버스 상에서 구현되는 다양한 캐릭터 및 콘텐츠의 NFT화에도 매우 능동적으로 움직일 수 있는 장점이 있다고 판단됩니다.

　그렇다면 법원의 판례는 연예인의 캐릭터를 어떻게 보호하고 있었을까요? "유명 연예인의 승낙 없이 그의 얼굴을 형상화하여 일반인들이 쉽게 알아 볼 수 있는 캐릭터를 제작한 후 이를 상업적으로 이용한 것은 재산적 가치가 있는 자신의 초상과 성명 등을 상업적으로 이용할 수 있는 권리인 유명 연예인의 퍼블리시티권을 침해한 것으로 불법행위에 해당

한다."(서울중앙지방법원 2005. 9. 27. 선고 2004가단235324 판결)는 판례가 있습니다.

이 사건의 코미디언은 당시 MBC '코미디 하우스-노브레인 서바이벌' 등의 프로그램에 출연하였고, 2003년 문화방송 연기대상 시상식에서 코미디·시트콤 부문 최우수상을 수상하는 등 대중적 지명도가 있는 남자 연예인이었습니다. 사건 이후로는 MBC '무한도전'으로 더욱 유명세를 탔습니다. 당시 그가 만들어서 유행시킨 유행어는 "…를 두 번 죽이는 짓이에요.", "…라는 편견을 버려" 등이었습니다.

콘텐츠 제작사는 코미디언의 얼굴을 형상화한 캐릭터를 제작하여 이동통신 3사에 인터넷 모바일 콘텐츠로 제공하며 위 유행어를 함께 게재해 놓고 상업적으로 이용하였는데, 법원은 먼저 본 사건의 코미디언이 대중적 지명도가 있는 연예인으로서 자신의 초상이나 성명 등을 상업적으로 이용할 수 있는 권리를 보유하고 있다고 판단하였습니다. 17년 전이 판결은 캐릭터와 유행어를 동시에 놓고 연예인의 ID(identity)가 도용된 상황을 퍼블리시티권으로 정리한 매우 유의미한 사건입니다.

문제는 콘텐츠 제작사가 코미디언의 승낙 없이 그의 초상과 성명을 상업적으로 사용함으로써 코미디언으로서 대중적 지명도가 있어 재산적 가치가 있는 코미디언의 초상 등을 상업적으로 이용할 권리인 "퍼블리시티권"을 침해한 불법행위에 해당한다고 판단하고 그가 입은 재산상 손해를 배상할 책임이 있다고 판결한 것입니다.

왜 문제냐구요? 다음 장에서 본격적으로 설명 드리겠지만 연예인의 퍼블리시티권은 이제 대한민국 법원에서 인정받지 못하기 때문입니다. 즉 지금은 퍼블리시티권이라는 권리가 아닌 단순한 초상권, 성명권, 인격권의 침해 정도로 파악하고 있기 때문에 해당 캐릭터의 제작 자체가 지금의 판례를 기준으로 한다면 또 다른 판단이 이루어져야 합니다.

여기서 우리는 해당 연예인이라는 사람을 특정하여 떠올릴 수 있는 기준이 되는 초상, 유행어라는 ID(identity)의 보호를 위해 예전 호랑이 담배피던 시절 판례는 퍼블리시티권이라고 하는 성문법전에 존재하지 않는 영미법상의 권리로 해결을 했지만 현재 퍼블리시티권을 인정하지 않는 법원의 입장에서는 간접적이고 우회적으로 인격권 침해 정도의 위자료나 일반 불법행위 등으로 구성해야 하는 문제점이 있습니다.

이러한 논의는 메타버스 상에서 구현될 각종 캐릭터와 NFT에 직접적으로 적용될 문제입니다. 즉 저작권으로 정리된 저작물에 대해서는 기존의 저작권법으로 NFT를 포섭해 나가면 되는데, 초상, 목소리, 유행어 등의 엔터테인먼트 쪽에 가까운 ID(identity)는 메타버스 상의 캐릭터로 어느 범위까지 보호가 될 것인지 상당한 논의가 필요한 시점입니다. 예를 들어 메타버스의 한 캐릭터가 쓰는 말투나 얼굴의 모양새가 아무리 봐도 특정 연예인을 닮았는데, 실사 사진이나 실명을 쓰는 것이 아니기 때문에 초상권의 침해나 성명권의 침해로 직접 적용하기에는 법원에서도 어려움이 있을 것입니다. 더욱이 퍼블리시티권도 사라진 마당에 이러한 특정 연예인을 떠 올리는 요소들을 보호할 직접적인 방법이 없습니다. 단지 기획사에서 NFT를 심어서 파는 연예인 굿즈나 잘 팔리기를 기도하고 있는 수밖에 없습니다. 그렇다면 연예인의 소속사에서는 이러한 캐릭터NFT에 대해서 어떠한 대응방안을 마련할 수 있을지를 고민해야 하는 상황입니다. 연예인의 IP 모두가 다 재화가 되는 메타버스 세상이니까요.

이에 다음 장 "엔터테인먼트·NFT 쟁점 제대로 알기"에서는 지면을 상당 정도 할애하여 본 사건처럼 캐릭터를 제작하여 활용하게 되는 메타버스의 세상 속에서 권리로서 보호받아야 할 얼굴, 말투, 유행어 등과 관련하여 엔터테인먼트 영역에서의 퍼블리시티권, 초상권, 유행어와 같은 콘텐츠의 법률적 쟁점 등에 대하여 살펴보도록 하겠습니다.

🅱 P2E의 합법화와 제20대 대통령직 인수위원회에서의 활동

앞서 블록체인 기반의 게임회사 이야기가 나왔으니 현재 가장 핫이슈로 떠오른 P2E의 합법화에 대해서 살펴보도록 하겠습니다. P2E는 Play to Earn, 돈을 벌면서 게임을 한다는 개념입니다. 게임을 하는데 어떻게 돈을 버느냐고 궁금해 하겠지만 게임으로 얻는 각종 아이템들을 환전시장에 가져가서 환전을 한다면 열심히 게임해서 아이템을 많이 모은 사람은 그것으로 수익을 얻게 되는 것입니다. 예전 "바다이야기"를 논하던 관점에서는 단순히 사행산업이라고 볼 수도 있겠습니다. 그렇다보니 일부 P2E 게임 업체는 게임물관리위원회로부터 사행성을 이유로 제재를 받고 소송을 진행하고 있는 상황입니다.

하지만 가상화폐의 재화성은 부정할 수 없는 시대적 흐름이고, 게임을 통해 그러한 가상화폐의 보상이 이루어지는 것이 단순히 사행행위로만은 볼 수 없다는 점에서 재고의 여지가 있어 보입니다.

이렇게 캐릭터나 아이템을 NFT화해 거래하거나 게임 내 재화를 가상화폐로 변환하여 거래소에 팔아서 수익을 얻을 수 있는 블록체인 게임이 P2E인데, 이를 개념의 단계별로 나누어 판단해 볼 수 있겠습니다. 현재 가상화폐 거래소는 특금법 도입 등으로 규제의 영역으로 진입하였기 때문에 가상화폐 환전 자체는 P2E라고 해서 특별히 문제될 것이 없어 보입니다. 그리고 게임의 캐릭터나 아이템을 NFT화해서 이를 개인 간에 거래한다고 하더라도 현재 NFT거래 플랫폼의 일상적인 이용이므로 아무런 문제가 없습니다.

결국 시장의 가격이 형성되어 거래소 시장에서 거래가 이루어지는 P2E와 단순히 슬롯머신처럼 칩을 얻어 특정 금액으로 환전할 수 있는 바다이야기와는 차원이 다릅니다. 더더군다나 바다이야기는 순전히 우연성에 모든 것을 의존하는 방식입니다. 하지만 게임은 게임유저의 능력과 기능에 따라 그 결과가 달라지는 방식이라 단순히 우연에 결과가 좌우되지 않습니다.

좀 더 구체적으로 설명하자면, 게임을 통해 얻게 되는 아이템이 돈으로 바뀔 수 있는 환금성 때문에 사행성의 개념에 걸리는 것입니다. 즉 사행성과 환금성의 문제를 어떻게 해석해야 할 것인가의 문제인 것입니다. 기존에 게임 아이템들도 모두 재화로 취급되었는데 게임의 보상이 가상화폐로 이루어지고 이것이 거래소에서 환금성을 가진다고 하여 특별히 달리 볼 이유는 없어 보입니다. 즉 NFT를 거래하든 가상화폐를 환금하든 기존의 게임 아이템이나 포인트가 재화로 인정되고 개인 간 금전적으로 거래가 이루어지는 시장이 형성되는 것과는 아무런 차이가 없다고 보아야 합니다. 게임의 결과물은 게임에 시간과 노력을 들여서 획득한 것이고, 이는 당연히 경제적 가치가 있는 재화로 평가를 받을 수밖에 없기 때문에 NFT시장이 형성되고 가격이 정해진다는 것은 보이지 않는 손의 작용인 것입니다.

거래소를 통해 가상화폐의 환금성이 좋아지는 것은 당연히 존재하지만 그렇다고 해서 기존의 '바다이야기'와 같이 게임장에서 우연성을 통해 코인을 얻고 이를 현금으로 바꾸어주는 불법적인 사행산업과 비교해서는 게임 산업의 생태계를 제대로 이해했다고 볼 수 없습니다.

만약 이렇게 규제를 할 것 같으면 코인 채굴도 규제해야 하고, 코인 거래를 통한 보상도 규제해야 하는 문제가 발생할 수밖에 없습니다. 또한 가상화폐를 자본시장법으로 벌써 규제하여 투기세력들이 시세조정을 하는 등의 문제를 막았어야 했습니다. P2E도 규제개혁이라는 관점에서 접근해야 할 것이고, 이를 먼저 허용하여 산업이 형성되어 가는 경과를 지켜보면서 규제할 부분들을 찾아서 점진적으로 규제하면 될 것입니다. 2017년 ICO금지라는 우를 다시 범하지는 말아야 할 것입니다.

이와 관련하여 저자가 제20대 대통령직 인수위원회에서 과학기술교육분과의 법률총괄로 활동하던 기간에 안철수 위원장과 P2E에 대해 이야기를 나눌 수 있는 기회가 있었습니다. 인수위 워크샵에서 강의를 듣고 안철수 위원장이 강사에게 P2E의 합법화에 대해 물었으나 강사가 시원한 답을 내어 놓지 못하였습니다. 이후 지나는 길에 위원장님을 뵐 기회가 있었고, P2E의 합법화에 대한 위의 논거들을 말씀 드렸습니다. 그랬더니 외국의 사례 등을 궁금해 하셨고, 관심이 많으셨습니다.

저자가 업계의 입장 등을 리서치하여 별도로 안철수 위원장을 뵙고 보고를 드렸는데, 그 내용은 현재 베트남이나 필리핀 등에서 P2E를 허용하고 있고 중남미 국가도 P2E 시장의 25% 정도를 차지하고 있는데, 우리나라나 중국, 싱가포르 정도 이외에는 특별히 명시적으로 금지를 하고 있는 나라는 없어 보인다는 점, 베트남 등의 동남아국가는 P2E로 벌어들이는 수익이 한 달 월급을 넘는 경우도 많아 경제적 파급력이 큼에도 허용하고 있지만 우리나라의 경우에는 경제적 파급력이 동남아에 비해서는 크지 않다는 점, 2017년 ICO를 금지했지만 금융위에서 이제야 IEO를 허용하는 방식으로 태도를 바꾸었으나 이미 5년이나 지나 ICO 생태계가 다 망가지고 해외로 사업자들이 빠져나간 이후라 실패한 사례이니 이번만큼은 선제적으로 대응하자는 점, 위에서 설명한 것처럼 바다이야기와는 법률적으로 다른 차원의 접근이 필요하다는 점, 게임아이템은 이미 법원에서 재화로 인정받은 바 있고 재화를 사인간 거래하며 형성된 시장가격이 불법이 될 수는 없다는 점 등이 주요 내용이었습니다.

이에 안철수 위원장은 해외사례의 경과를 지켜본 이후에 우리나라도 이에 맞추어 가자는 말씀으로 마무리를 하셨습니다. 하지만 저는 이 조차도 외국사례가 형성될 때까지 기다릴 것이 아니라 규제샌드박스를 통해 우리나라에서 사례를 형성해 나가면 된다고 생각합니다. 사실 스위스가 처음 ICO를 지켜본 관점도 일단은 하고 싶은 대로 하고, 사례가 누적되어 가는 과정에서 현행법 위반 여부 등을 살펴 ICO 가이드라인을 낸 것입니다. 그리고 이러한 가이드라인은 시장 참여자들에게 신뢰감과 안정감을 주었고, '쥬크'라는 아주 작은 주(스위스에서는 '캔톤'이라고 합니다.)는 ICO의 성지가 되어 엄청난 자본이 유입되는 호재를 누린 바 있습니다.

저는 새로운 산업과 시장의 형성에 정부의 규제가 방해를 해서는 안된다고 생각합니다. 우리나라의 게임 산업은 상당히 성숙한 상태이고 세계적으로도 우수한 수준입니다. 만약 P2E의 사행성 문제가 사회적으로 문제된다면 게임 업계에서 자체적으로 자기정화를 통해 스스로 통제하고 단속할 수 있다고 봅니다. 스위스도 ICO를 진행함에 있어 SRO 멤버쉽 가입을 통한 자율규제 방식을 채택하고 있고 이는 가상자산 사업자에게 부담스러우리만큼 상당히 능동적이고 효율적으로 작동하고 있습니다. 이는 스위스의 경우 국가가 국민을 성숙한 시민으로 보는 전제가 깔려 있어 자율규제에 대한 믿음이 있는 것이고, 우리나라처럼 마냥 정부의 규제부터 적용하는 것은 국민을 매우 부정적인 시각에서 보는 전제가 깔려 있는 것입니다.

즉 결론은 P2E를 규제샌드박스로 허용하고 많은 사례를 축적하는 과정에서 가이드라인을 만들어 내고, 부작용이 발생하는 부분은 업계의 자율규제 방식에 맡겨두는 것이 우리나라 게임산업을 한 단계 성장시킬 수 있는 길이라는 것입니다. 더 나아가 새 정부가 추구하는 목표인 "과학기술을 기반으로 한 4차 산업혁명으로 경제적 부흥"을 이룰 수 있을 것입니다.

🅑 삶이 곧 콘텐츠, 얼굴과 목소리도 NFT

최근 초등학생이 그린 그림이 NFT시장에서 수백만원에 팔린 사례들이 속출하면서 유투버 말고 이제 NFT화가를 하겠다는 초등학생들이 늘고 있다는 뉴스기사를 접한 적이 있습니다.

저도 1년 정도 맛집 블로그를 해보았는데 매우 재미난 경험이었습니다. 우리는 하루 24시간을 살며, 밥을 먹고 일을 하고 잠을 잡니다. 그리고 운동도 하고 각종 취미생활도 하지요. 우리가 보내는 하루를 사진으로 촬영하거나 영상으로 남기면 하나의 콘텐츠가 생산됩니다. 어떤 사람은 자신의 하루를 콘텐츠화하기 위해 준비하고 촬영하는가 하면 어떤 사람은 그냥 하루를 보내고 어떤 콘텐츠도 남기지 않습니다.

제가 도전해본 경험을 말씀 드리자면 자신의 삶을 콘텐츠화 하는 것이 4차 산업혁명시대를 사는 사람의 마인드라고 생각합니다. 이제 여러분들이 생산하는 모든 콘텐츠가 재화가 되고 NFT가 탑재되어 하나의 메타버스 세상을 구성하는 요소가 될 것이기 때문입니다. 그리고 어차피 하루 두 끼 먹는 것을 사람들이 관심 있어 하는 맛집을 찾고 조금만 시간 내어 방문하면 맛있는 음식을 먹어서도 좋고, 훌륭한 콘텐츠를 생산하여 사람들에게 좋은 정보를 알려주는 역할을 해서도 좋은 것입니다.

맛집 블로그를 하다가 운동, 여행, 와인 등 그 범위가 점차 넓어졌습니다. 그리고 그렇게 넓어지는 콘텐츠의 범위만큼 제 삶도 이전보다는 훨씬 풍요로워지고 있었습니다. 운동을 갈 때에도 영상촬영 없이 할 때보다 영상촬영을 하면서 운동을 할 때 더 운동량이 늘어났고 힘들지만 재미있게 시간을 보낼 수 있었습니다. 이러한 소중한 시간들이 모두 콘텐츠화 되는 시대가 열렸고, NFT시장은 사진, 영상, 캐릭터 등 실존하는 모든 저작물들을 대상으로 하여 메타버스 세상을 채워나가고 있습니다.

저자가 책을 쓰는 기간 중에도 "마크 저커버그 인스타그램에도 NFT 도입하겠다."는 2022. 3. 17.자 기사를 마주할 수 있었습니다. 평소 인스타그램을 이용하는 저는 사람들의 모든 일상을 사진과 동영상으로 남기는 인스타그램은 당연히 빅데이터의 바다이고, 그 속에서 "좋아요" 개수의 차이가 사진들의 가치 차이임을 선명하게 알 수 있었고, 이는 NFT를 통해 충분히 소장 또는 수집의 가치가 있는 사진들이라고 생각했었습니다. 당연히 예상했던 기사였습니다.

나아가 앞서 설명 드린 바와 같이 연예인들의 세상에만 NFT가 존재하는 것이 아니라 일반인들의 얼굴과 목소리와 같은 ID(identity)를 포함한 콘텐츠에도 초상권이나 성명권과 같은 법률적 권리가 있는 만큼 메타버스 세상에서 얼굴과 목소리에 대한 법률적 분쟁은 엔터테인먼트 업계와 동일하게 충분히 예상됩니다. 메타버스에서 활동하는 캐릭터들이 어떤 사람의 ID를 흉내 낸 것인지, 그러한 얼굴과 목소리와 같은 ID의 법률상 지위와 권리보호에 주목할 수밖에 없습니다. 왜냐하면 메타버스에서는 내가 "나"로 활동하지 않기 때문입니다. 형상화된 캐릭터가 특정인을 연상시키는 것이라면 이는 해당인의 ID를 침해한 것이 되는데 퍼블리시티권과 같은 경제적 가치를 특별히 인정받지 못하는 일반인의 입장에서는 이를 어떤 방식으로 보호받아야 할 것인지 고민해보아야 합니다. 인격권이라는 포괄적인 권리를 인정하여 퍼블리시티권과 유사한 범위 내에서 보호받을 수 있다고 하더라도 이는 정신적 손해에 대한 배상만을 인정하며, 직접적인 보호의 범위에 포함시키기에는 부족함이 있기 때문에 충분히 법률적 논쟁의 소지가 있는 것입니다.

🅱 엔터테인먼트 업계의 NFT 시장 진격

앞서 소개드린 "NFT 제대로 알기"에서 NFT를 설명 드리는 과정에서 자연스럽게 엔터테인먼트, 초상권, 블록체인 PE2 게임, 캐릭터, 콘텐츠에 관한 이야기가 나오는 것을 이미 확인하셨을 것입니다. NFT의 시작을 알린 영역은 아무래도 미술작품 등이었지만, 본격적으로 활성화가 되기 시작한 것은 엔터테인먼트 업계가 진출하고 나서입니다. 연예인의 모든 IP를 NFT화하여 판매를 할 수 있는 무한한 콘텐츠를 확보하고 있고, 관련 포토카드 등 굿즈만 팔아도 이전과는 비교가 되지 않는 판매수익을 올릴 수 있는 시장이 열렸습니다.

현재 JYP엔터테인먼트는 두나무라는 거래소 업비트를 운영하는 회사에 자신의 주식을 매각하고 NFT 플랫폼을 만들기 위해 전략적 제휴를 시작하여 합작법인을 설립하였다고 합니다. BTS로 유명한 하이브엔터테인먼트도 두나무와 전략적 파트너십을 맺고 하이브가 두나무의 주식 일부를 소유하고 합작 법인을 출범할 예정이며, YG엔터테인먼트도 하이브와 두나무의 파트너십에 함께 참여하였으며, SM엔터테인먼트는 메타버스 아이돌 에스파를 데뷔시켰다고 합니다.

엔터테인먼트 업계에서는 앨범을 NFT로 발매하여 단 한 사람만이 구매할 수 있도록 하는 방식, 스토리를 담은 일러스트 NFT 카드 발행, 해당 연예인이 모델로 활동하는 명품 가방 NFT의 구입 등의 다양한 비즈니스 모델이 개발되어 실제로 성공사례로 축적되고 있습니다. 이러한 엔터테인먼트 업계의 진격이 가능한 이유는 현재 NFT 시장이 활성화된 영역이 수집 또는 소장과 같은 목적의 구입이기 때문입니다. 예를 들어 2019년부터 미국 프로농구 NBA 선수들의 최고의 순간을 담은 비디오 영상을 NFT로 제작하였고, 농구 팬들의 입장에서는 영원한 소장 가치가 있는 물건이 되었습니다. 그런데 첨언하자면 소장용 NFT는 단순히 수집 (덕질)의 욕구를 해소시켜주는 역할을 넘어 소장에 따른 희소성으로 인하여 가격상승에 대한 기대감이 자연스럽게 따라 온다는 점이 특징입니다.

이보다 진일보한 사례도 있는데 유명 축구선수들의 NFT 카드는 소장 목적의 NFT를 넘어서 해당 카드를 통해 축구 게임에 참가하고 게임의 결과에 따라 다양한 보상이 주어지는 P2E 형태의 게임 목적 NFT까지 등장한 것입니다. 최근 출시되는 엔터테인먼트 관련 NFT는 이렇게 수집이라는 한 가지 목적에 그치지 않고 게임도 하고 수익도 창출하는 P2E의 형태를 궁극적으로 띌 수밖에 없으므로 앞서 설명 드린 바와 같이 P2E의 합법화를 상당히 진지하게 고민해야 할 때인 것입니다. 그 외에 NFT는 디파이형, 메타버스형, 예술형 등이 있으나 이러한 구분이 무색할 정도로 다양한 목적이 동시에 존재합니다. 게임을 하는 공간이 메타버스라면 수집형, 게임형, 메타버스형이 혼재하게 되기 때문입니다. 2021년말 기준으로 거래량으로 치면 게임형과 수집형이 대부분을 차지하는 상황입니다. 참고로 해당 축구선수의 캐릭터를 제작하는 경우 누가 봐도 메시이고 호날두인데 성명을 사용하지 않고 생긴 모습을 살짝 다르게 표현했다면 메시나 호날두에게 허락을 받지 않았다고 하더라도 사용이 가능할까요? 다음 장 "엔터테인먼트 NFT 쟁점 제대로 알기"에서 한 번 살펴보도록 하겠습니다.

제5장

엔터테인먼트 쟁점 제대로 알기

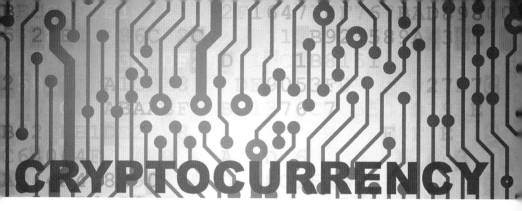

얼굴과 목소리 콘텐츠의 중요성

앞서 "NFT 제대로 알기"에서 살펴본 것처럼 NFT의 대상에 기본적인 저작권법상 구분된 저작물들이 주로 포함될 것이라는 것은 당연하고 많은 사람들이 쉽게 예상할 수 있습니다. 하지만 메타버스의 세상에서는 사람을 특정 지어주는 ID(identity)와 관련된 콘텐츠가 관심의 대상이 될 것입니다.

즉, 사람의 얼굴과 목소리로 구성된 콘텐츠가 현재 어떠한 법적 보호가 이루어지는지 살펴보아야 하는데, 이러한 주제를 엔터테인먼트 영역에서는 "퍼블리시티권, 초상권, 유행어"등으로 파악할 수 있고, 최근 법률적 판단이 달라지는 등 큰 변화를 겪고 있습니다. 이러한 변화의 방향에 따라 향후 메타버스의 세상에서 콘텐츠화 될 얼굴과 목소리에 대해서 미리 검토해 보도록 하겠습니다.

제일 먼저는 연예인들의 퍼블리시티권 관련 쟁점이기도 한 사람의 얼굴, 즉 초상과 관련된 법률적 판단에 대해서 설명 드리겠습니다. 최근 워낙 큰 변화의 바람이 분 영역이고 향후 메타버스 세상에서 NFT로 확실히 보호 받을 영역으로 예상됩니다. 그리고 목소리와 짧은 단어로 구성된 유행어의 법률적 지위를 살펴보고, 마지막으로는 엔터테인먼트 영역에서 가장 핫한 콘텐츠 플랫폼인 유투브와 관련된 저작권 문제들을 살펴보도록 하겠습니다.

🅑 퍼블리시티권은 대한민국에 존재하지 않는다?

"원고는 성명이나 초상 등 자기동일성이 가지는 경제적 가치를 상업적으로 사용하고 통제할 수 있는 배타적 권리로서의 퍼블리시티권이 인격권으로서의 성명권이나 초상권과는 별도의 독립적인 권리로 인정된다는 전제 하에 이 사건 게시물이 이와 같은 원고의 퍼블리시티권을 침해하였다고 주장한다. 그러나 살피건대, 우리나라는 성문법주의를 취하고 있고, 현재까지 퍼블리시티권을 인정하는 법률이 제정되지 않고 있으며 이를 인정하는 관습법이 존재한다고 볼 수도 없으므로, 퍼블리시티권이 독립적인 권리로 인정됨을 전제로 한 원고의 위 주장은 더 나아가 살필 필요 없이 이유 없다."(서울중앙지방법원 2013나64259 손해배상(기) 판결)

2015. 2. 12. 서울중앙지방법원 제6민사부 선고일에 선고된 판결문의 내용입니다. 이 사건은 '가수 유이의 꿀벅지 사건'으로 유명한데, 퍼블리시티권에 대한 법원의 입장변화를 단번에 보여줄 수 있는 대표적인 사례입니다. 인터넷 포털사이트 네이버에 00한의원은 블로그를 개설하여 운영하고 있었는데, 이 사건 블로그는 "전체보기", "00한의원-구 000한의원", "00피부 이야기", "00비만 이야기", "00 탈모 이야기", "00한방성형 이야기", "정보게시판"의 카테고리로 분류되어 있었고, 그 중 "00비만 이야기"의 하위 카테고리 "부분비만"에 속한 게시물들 중 "(방배동비만클리닉)000한의원 부분비만탈출 프로젝트"라는 게시물에는 부분비만 치료 및 관리에 관한 프로그램 내용이 기재되어 있고 그 아래에 "(방배동비만클리닉)000한의원과 부분비만 프로젝트 후 멋진 유이의 꿀벅지로 거듭나세요!"라는 제목으로 유이의 사진 4장이 포함되어 있었습니다.

사실 이 사건의 1심 판사(청구금액이 당시 20,000,100원이라 민사단독 사건으로 한 명의 판사가 판단을 한 사건입니다.)는 지금까지 법원이 그렇게 해왔듯이 "퍼블리시티권이라 함은 사람의 초상, 성명 등 그 사람 자체를 가리키는 것(identity)을 광고, 상품 등에 상업적으로 이용하여 경제적 이득을 얻을 수 있는 권리를 말한다고 할 것이다. 이러한 권리에 관하여 우리 법은 아직 명문의 규정은 없으나, 인간이 자기의 성명, 초상에 대하여 인격권이 인정되는 것과 마찬가지로 이들을 상업적으로 이용할 권리는 명문의 규정 여하를 불문하고 인정될 필요가 있는 점, 미국, 일본, 독일, 영국, 캐나다, 오스트레일리아 등 다수의 국가에서 법령 또는 판례에 의하여 이를 인정하고 있는 점, 이러한 동일성을 침해하는 것은 민법상의 불법행위에 해당하는 점, 타인의 성명, 초상을 이용하여 경제적 이익을 얻는 것은 부당이득에 해당한다고 봄이 공평의 법관념에 부합하는 점, 사회의 발달에 따라 이러한 권리를 보호할 필요성이 점차 증대하고 있는 점, 유명인이 스스로의 노력에 의하여 획득한 명성, 사회적인 평가, 지명도 등으로부터 생기는 독립한 경제적 이익 또는 가치는 그 자체로 보호할 가치가 충분한 점 등에 비추어 해석상 독립된 재산권으로서 퍼블리시티권을 인정할 수 있다고 할 것이다."라고 판결하면서 퍼블리시티권의 존재를 당연히 인정하는 전제 하에 재산상 손해의 발생은 인정할 수 없으나, 정신적 손해로서 5백만원을 지급하라는 원고 일부 승소판결을 하였습니다.

하지만 항소심에서는 퍼블리시티권의 존재 자체를 부정하였고, 그에 더 나아가 "초상권 침해 주장"에 대해서도 "이 사건 블로그에 게시된 게시물들은 약 391건에 달하는데 그 중 이 사건 게시물 1건에만 원고의 성명과 사진이 게재된 것으로 보이고, 이 사건 블로그에 링크되어 있는 위 00한의원의 홈페이지에는 그러한 게재가 없는 점, 이 사건 게시물에 게재된 원고의 사진들은 원고를 모델로 한 주류광고 동영상의 장면들이고, 해당 광고주가 위 사진들을 공개했을 것으로 추정되는 점, 이 사건 게시물의 내용이 원고가 위 00한의원과 관련이 있거나 피고로부터 부분비만 치료를 받은 것처럼 오인할 만한 것으로는 보이지 아니하는 점 등에 비추어 보면, 위와 같은 인정사실만으로는 이 사건 게시물에 원고의 성명과 사진을 게재한 것이 원고의 초상권을 영리적으로 사용하는 등 원고의 초상권을 부당하게 침해한 경우에 해당한다고 인정하기에 부족하고 달리 이를 인정할 만한 근거가 없다."라고 하여 유이가 이미 소주광고의 모델로 나온 사진장면의 사용은 초상권 침해의 소지가 없다는 내용으로 유이의 완전패소로 결론을 내렸습니다.

Ⓑ 퍼블리시티권도 없는데, 초상권과 성명권 침해도 인정받지 못한다고?

앞선 유이 꿀벅지 사건의 2심 선고일과 거의 비슷한 2015. 2. 5. 선고된 수지 모자 사건이 있었습니다. 인터넷검색 포털사이트인 "네이버"와의 사이에서 "수지모자"라는 단어를 검색창에 입력하면 홈페이지 사이트 주소가 검색화면 상단에 뜨도록 하는 내용의 키워드검색 광고서비스 계약을 체결하였고, 이에 따라 2011. 9. 19.부터 2014. 2. 14.까지 사이에 위 네이버 검색화면에 "수지모자" 라는 단어를 입력하면 홈페이지 사이트 주소가 검색화면 상단에 뜨도록 설정한 쇼핑몰이 있었습니다. 이 쇼핑몰은 2013년경 이 사건 쇼핑몰 홈페이지에 "Hat's on with star"라는 포스트를 개재하였는데, 그 포스트에 "매체인터뷰", "공항패션" 등의 글과 함께 수지의 사진 3장이 게시되어 수지가 5천만원의 손해배상을 청구한 사건입니다.

유이 꿀벅지 사건과 동일하게 법원은 "자신의 성명, 초상 등을 상업적으로 이용하고 통제할 수 있는 권리는 위에서 본 성명권, 초상권에 당연히 포함되고, 별도로 퍼블리시티권이라는 개념을 인정할 필요가 없다(재산권의 내용은 법률로 정한다는 헌법 제23조 제1문에 따라 물권과 채권은 민법에 의하여, 지식재산권은 저작권법·상표법·특허법·디자인보호법에 의하여 인정하고 있는 반면, 독립적 재산권으로서의 퍼블리시티권을 인정하는 법률은 존재하지 않는다). 원고의 주장에 독립적 재산권으로서가 아니라 양도와 상속에 있어서 채권보다 물권에 가까운 독점적이고 배타성이 있는 권리로서 퍼블리시티권을 인정하여야 한다는 취지가 포함되어 있다고 하더라도, 민법 제185조는 물권은 법률 또는 관습법에 의하는 외에는 임의로 창설하지 못한다고 규정하고 있을 뿐 아니라, 현재 인정되고 있는 성명권, 초상권만으로도 퍼블리시티권이 보호하고자 하는 유명인의 초상 및 성명에 권리의 보호가 가능하므로 퍼블리시티권을 인정할 필요가 있다고 보기도 어렵다."는 입장을 다시 한 번 명확하게 정리합니다.

문제는 연예인들이 자신의 사진 무단 도용에 맞서 싸울 권리 중 퍼블리시티권을 앞으로는 인정받지 못하기 때문에 남은 권리가 초상권, 성명권 등의 인격권 정도로 볼 수 있습니다. 하지만 이 사건에서는 "성명권 침해의 경우 피해자가 입은 손해는 위 침해로 인하여 원고가 얻지 못한 이익의 상실액을 의미하고, 이는 그 침해로 상실된 경제적 가치, 즉 유명인 초상과 성명의 경제적 가치인 저명성에 의한 신뢰와 희소성의 상실이라 할 것이다. 즉, 초상권, 성명권이 침해되었다는 사정만으로 원고가 초상권, 성명권에 관한 정식 계약을 체결하였을 때 받을 수 있었던 대가 상당액 내지 피고가 침해행위로 얻은 이익 상당액의 손해를 입었다고 단정할 수 없고, 더 나아가 그 침해로 인하여 다른 사람과 초상, 성명 사용계약을 체결하지 못하였거나 해지되었다는 등의 사정이 인정되어야 할 것이다. 살피건대, 네이버 주식회사에 대한 각 사실조회결과만으로는 피고의 초상권, 성명권 침해로 원고가 다른 사람과 초상, 성명 사용계약을 체결하지 못하였거나 기존에 체결된 계약이 해지되었음을 인정하기에 부족하고 달리 이를 인정할 증거가 없어 원고가 그 주장의 재산상 손해를 입었다고 볼 수 없어 원고의 위 주장 역시 이유 없다.”고 판결하여 손해배상을 받을 수 있는 가능성마저 완전히 축소시켜 놓은 것입니다.

🅱 연예인 퍼블리시티권의 몰락은 예정되어 있었다

저자의 전 저서 ‘문화예술 저작권 분쟁의 숲에 가다.’에서 퍼블리시티권에 관하여 세 가지 사례(① 퍼블리시티권의 미친 존재감은 절대적? ② 광고계의 블루칩, 퍼블리시티권을 드높여라, ③ 비욘드 초상권, 경계 짓다.)를 소개하면서 퍼블리시티권의 역할 및 중요성을 설명 드린 바 있었으나 세월이 흘러 이렇게 변경된 판례이야기를 해야 하는 때가 왔습니다. 사실 당시에도 연예인의 사진사용 및 손해배상에 대하여 연예인에게 너무나 많은 혜택을 준다는 지적이 있었고, 몇 가지 사례에서 제한의 가능성을 열어가기 시작했습니다. 그 발판에 저자가 수행했던 치과병원 블로그 사건이 크게 한 몫을 하게 되었습니다.

치과병원 블로그 사건은 치과병원이 운영하는 블로그 카테고리 중 '휴식공간'란의 '음악' 또는 '뉴스'란에 아이돌 가수 13명의 얼굴이 들어가 있는 앨범 사진이 여러 장 올라가 있다는 이유로 13명의 가수들은 자신들의 동의나 허락 없이 초상이 담긴 사진이나 성명을 게재하고 상업적으로 사용함으로써 퍼블리시티권을 침해당했다고 주장하며 각 1천만원씩의 손해배상을 청구하는 소송을 치과병원을 상대로 제기한 것입니다.

2013년경에 진행된 사건이라 당연히 법원이 퍼블리시티권의 존재를 인정하고 있었고, 당시에는 연예인의 사진을 썼다하면 배상을 해줘야하는 분위기였습니다. 그러다보니 연예인사진이 인터넷상에서 사용되고 있는지 여부를 계속적으로 확인하여 연예인의 소속사에 전달하고 소송 수행까지 진행해주는 업체들이 성행하였습니다. 그러한 업체들은 자신들이 계약을 맺은 법무법인에게 내용증명 발송 및 배상액 징구 등의 업무를 위임하고 막무가내로 협박성 내용증명을 보내 일반인들에게 겁을 주고 임의로 설정한 배상액을 받아가는 일들이 많았습니다. 일례로 미용실을 운영하는 사장님께서 손님의 머리스타일이 연예인의 머리스타일처럼 예쁘게 잘 나왔다며 기쁜 나머지 손님의 사진과 해당 연예인의 사진을 블로그에 올렸는데, 연예인의 소속사로부터 내용증명을 받고 배상을 해주는 실제 사례들이 빈번하게 발생하였습니다. 저자가 저작권위원회의 경영평가위원으로 참여하여 민생사건들에 대한 검토를 할 때에도 폰트, 연예인 사진, 이미지 사진 등의 사용에 따른 막무가내 내용증명 남발이 큰 사회문제로 지적되어 이를 막을 수 있는 방안을 강구하도록 요청한 바가 있었습니다.

그러한 사회분위기와 함께 '메밀꽃 필 무렵'이라는 소설로 유명한 소설가 이효석의 스타상품권을 발행한 이효석 스타상품권 사건에서 "유명인의 성명, 초상 등을 허락 없이 인격적 동일성을 인식할 수 있도록 상업적으로 이용하되, 광고, 게임 속 캐릭터의 사용 등과 같이 유명인의 성명, 초상 등의 경제적 가치, 즉 유명인의 대중에 대한 호의관계 내지 흡입력이 직접 그 사용자의 영업수익으로 전환되었다고 볼 수 있을 정도로 이용하였다고 인정되어야 퍼블리시티권의 침해를 인정할 수 있을 것이며, 이와 달리 유명인의 성명, 초상 등을 이용한 상품 내지 서비스를 제공하면서 그 내용에 있어서 유명인의 인격적 동일성 범위 내의 요소가 아닌 그 외적 요소만을 사용하고, 그 표현에 있어서도 상품 내지 서비스의 설명을 위한 필요 최소한도에 그쳐 유명인의 성명, 초상 등의 경제적 가치가 직접 그 사용자의 영업수익으로 전환되었다고 볼 수 없는 경우에는 퍼블리시티권의 침해가 인정될 수 없다."(서울동부지방법원 2006. 12. 21. 선고 2006가합6780 판결)와 같은 퍼블리시티권 제한 가능성에 대한 검토가 있어왔습니다. 사실 이 사건은 이효석 사후 62년으로 퍼블리시티권 상실로 판단한 것이었지 퍼블리시티권이 존재하는데 제한된다는 취지의 판결은 아니었습니다.

다시 치과 블로그 사건으로 돌아가 드디어 법원은 연예인의 사진을 명확하게 사용하였음에도 불구하고 배상을 하지 않아도 된다는 판결을 하기 시작합니다. 연예인들의 사진들이 블로그 내에 여러 카테고리 중 병원의 치료나 시술과는 관계없는 '휴식공간'란에 위치하고 있고, 사진들이 병원 및 치료와 관계되는 어떠한 내용의 기재도 없다고 판단하였고, 따라서 이 같은 사진의 게시만으로는 이 사건의 블로그를 방문하는 고객 입장에서 사진의 인물들이 치과 병원에서 치료 등을 받았고 그 병원을 광고하는 등 병원과 어떠한 관계가 있는 것으로 오인할 정도는 아니라고 보았습니다. 그렇기 때문에 이 사진들의 게시로 관련 연예인들의 대중에 대한 호의관계 내지 흡입력을 직접 이용하여 치과병원이 영업수익을 얻었다고 보기는 부족하다고 판단했습니다. 그와 더불어 법원은 관련 사진들의 성격에 대해서도 연예인들이 앨범 발매를 홍보하기 위해 앨범사진을 촬영한 것, 자신들의 노래를 홍보하기 위해 '빌보드닷컴'에 게시를 허락한 사진, 자신이 출연하는 TV프로그램의 홍보를 목적으로 한 사진들이므로 연예인들이 자신들을 홍보할 목적으로 관련 사진들을 공개함으로써 사진들이 인터넷 사이트에 게재되는 것을 묵시적으로 허락했다고 보았습니다. 다시 말해 인터넷에 공개되어 있고 자유롭게 감상할 수 있는 사진들이라고 평가하고 이를 이용한 것은 촬영 및 공개에 부합되는 범위의 사용이라는 판단인 것입니다.

이러한 판결을 시작으로 하여 무너지기 시작한 연예인 퍼블리시티권은 결국 유이 꿀벅지 사건과 수지 모자 사건으로 완전히 그 권리가 사라

지게 되었고, 초상권, 성명권과 같은 인격권마저도 상당 정도로 제한되기에 이릅니다.

🅑 연예인 초상권, 퍼블리시티권의 한계가 필요하다

아래에서는 2013년 12월경 저자가 "연예인 초상권, 퍼블리시티권의 한계가 필요하다"는 제목으로 기고한 글을 참고로 소개하고자 합니다.

"연예인 초상권. 퍼블리시티권의 한계가 필요하다."

요즘 연예인들이 초상권이나 퍼블리시티권을 침해당했다며 소송을 제기한 사건들이 언론에 매우 자주 보도되고 있습니다. 연예인들은 법률분쟁에 있어서도 세간의 관심이 될 수밖에 없기 때문에 당연한 현상이라고 생각되지만 그러한 이유보다는 오히려 인터넷에서 연예인 사진이 게시되어 있는 곳만 전문적으로 조사하여 증거를 수집하는 업체와 변호사들의 기획소송으로 인해 사건이 많아진 이유가 더욱 크다고 봅니다.

이러한 상황에서 최근 소송대리인으로 변호했던 사건이 연예인의 초상권 또는 퍼블리시티권의 한계를 설정한 의미 있는 판결로 마무리되어 이를 소개하고자 합니다.

원고는 슈퍼주니어, 원더걸스의 멤버 등 유명 연예인 13명이고 피고는 치과병원 원장으로 저는 피고 소송대리인이었습니다. 내용을 간단히 설명하면 치과병원 홍보용 블로그에 원고들의 사진이 게시되어 있었고 이에 대하여 성명권, 초상권, 퍼블리시티권 침해를 이유로 각 1천만원씩 총 1억3천만원의 손해배상청구소송을 제기한 사건이었습니다.

첫 쟁점은 홍보용 블로그를 제작한 주체가 치과병원이 아니라 광고대행사였다는 점에 착안하여 온라인 마케팅에 대하여 전혀 아는 바가 없는 치과병원이 광고대행사와 컨설팅 계약을 체결하고 매월 많은 돈을 지급하고 콘텐츠의 게시뿐만 아니라 관리 운영까지 전적으로 일임하였다는 점에서 지휘감독관계가 없으므로 사용자 책임을 지지 않는다는 점을 주장하였고 본 사건 재판 진행 도중 장동건이 병원을 상대로 제기한 유사한 내용의 소송에서 "홍보업체에 대하여 병원의 지시나 지휘 감독 관계가 있었음을 인정할 수 없어 병원에게 사용자책임을 물을 수 없다."는 내용으로 패소한 판결이 먼저 나온 사실을 확인하고 판결문을 입수하였기 때문에 일단 승소는 자신하였습니다.

하지만 위 내용은 단순히 책임의 소재가 홍보업체에게 있다는 정도이시 연예인 사신을 사용하는 것이 어느 범위 내에서 가능한 것인지와 같은 사건의 본질적인 내용이 빠져 있었기 때문에 좀 더 핵심 쟁점인 연예인 초상권의 한계에 집중하기로 하였습니다.

원고는 "피고는 이 사건 블로그에 피고 운영의 병원인 치과 명칭을 기재하고 있고, 연예인들의 사진과 더불어 "수퍼주니어M-태완미 듣기/가사/치과병원", "윤아봉춤/치과병원" 등을 기재하여 마치 원고들이 피고 병원과 관련이 있는 것처럼 오인하게 만들었다."고 주장하였습니다.

그러나 치과 치료를 목적으로 인터넷 검색을 하는 고객의 입장에서 이 사건 블로그에 접속하여 '휴식공간'이라는 카테고리에 있는 위와 같은 화면을 보았을 때 치과병원과 연예인들이 관련성이 있다고 생각할 여지가 없다는 점을 항변하였습니다. 즉, 관련성이라 하면 연예인들이 하얀 치아를 드러내고 '여기 병원에서 치료받았더니 아주 좋아요.'라는 광고가 이루어져야 관련성이 있는 것이므로 이 사건과 같은 화면만 보면 '연예인 노래를 들을 수 있구나, 여느 인터넷 검색에서 쉽게 볼 수 있는 가수의 얼굴이나 노래구나.' 라는 생각만 할 뿐 '치과병원과 연예인들이 관련이 있구나.' 라는 생각을 할 여지가 전혀 없다는 점을 주장하였습니다.

결론적으로 치과 및 미용, 미적 추구와 아무런 관련이 없는 화면이고 단순히 노래의 주인공이 사진의 연예인임을 식별할 수 있는 정도의 수준에 그치고 있어 초상과 성명의 외적 요소만 사용한 전형적인 사건임을 강조하였습니다.

이에 법원에서는 "사진들이 치과병원과 어떠한 관계가 있는 것으로 오인할 정도는 아니라고 보이고, 연예인들의 대중에 대한 호의관계 내지 흡입력을 이용하여 자신의 영업수익을 얻었다고 보기 부족하다는 점"을 확인해주었습니다. 또한 "사진들은 연예인들이 자신들을 홍보할 목적으로 사진을 공개함으로써 인터넷 사이트에 게재되는 것을 묵시적으로 허락한 것으로 봄이 상당하고, 사진의 이용은 퍼블리시티권의 존재에도 불구하고 그 촬영 및 공개 목적에 부합되는 범위 내의 이용이다."라고 그 한계를 명확히 판단하였습니다.(서울중앙지방법원 2013. 9. 13. 선고 2013가합7344 손해배상 판결)

그리고 만약 인터넷에서 연예인 초상권 침해 사진을 수집하는 업체가 중간에서 브로커의 역할을 하고 법무법인 선임 및 성공보수의 일정 부분을 취득하는 계약을 맺었다면 변호사법 위반으로 엄단해야 할 것이라는 점까지 법정에서 명확히 하였습니다.
연예인의 초상권과 퍼블리시티권은 당연히 법으로 보호받아야 할 권리이고 이를 침해한 자는 손해를 배상하는 것이 맞습니다. 하지만 지금처럼 소송이 난립하여 사회문제화 되는 시점에서 위 판례는 연예인 관련 초상권의 한계를 설정하여 합의금을 노린 억지소송에 제동을 걸 수 있는 매우 의미 있고 소중한 판결이라고 평가할 수 있을 것입니다.

Ⓑ 연예인의 초상권, 그래도 보호받을 방법은 있다

헬스클럽 가맹점을 운영하던 사업자가 한 개그맨의 사진을 헬스장 광고물에 삽입하여 배포하는 사건이 발생하였습니다. 그 개그맨은 제이디비엔터테인먼트 소속이었는데, KBS 공채 개그맨으로 "빡, 끝~"이라는 유행어로 인지도가 있었습니다. 헬스장 광고물에는 "빡, 끝~"이라는 유행어까지 적시되어 있었고, 원만한 합의를 위하여 소속사 측에서는 노력하였으나, 합의가 무산되고 화가 난 소속사 측은 자신의 소속 배우이자 고문변호사인 저자에게 소송을 맡겼습니다.

저자는 당시 김준호, 김대희, 박나래, 김준현 등이 소속된 대형 기획사인 제이디비엔터테인먼트와 전속 계약을 맺고 SBS드라마 리턴 등에 단역으로 출연하며 소속 배우로 활동하고 있었고, 고문변호사로서도 법률자문을 하고 있었습니다. 이미 위 치과 블로그 사건을 진행하여 연예인들의 초상권과 퍼블리시티권이 상당정도 제약이 되고 있는 상황을 만

든 장본인이라 초상권 침해 소송의 승소가능성이 매우 낮다는 것을 알고 기회사와 논의를 하였으나 어떻게든 진행하는 것으로 결정되었습니다. 그리고 초상권 침해를 통한 위자료 지급에 초점을 맞추었습니다. 즉, 얼굴만 오려서 사용한 점 등 사진의 사용이 기분 나쁠 수밖에 없는 사실관계들을 부각하였고 결국 법원은 광고계약 등 경제적 가치평가를 전제로 한 재산상 손해는 인정하지 않았으나, 정신적 고통에 대한 위자료로 2백만원을 배상하라는 판결을 내렸습니다.(서울서부지방법원 2016가소 686856 손해배상(기) 판결)

당시 민효린이란 여배우가 코성형을 한 것처럼 오인하게 만드는 성형외과 광고에 대해 정신적 손해 3백만원을 판결한 선례가 있었기에 저자는 그 기준에 부합하는 점을 찾아 배상 판결을 받을 수 있었습니다. 이제 연예인들의 퍼블리시티권이 부정된 상황에서 연예인들의 초상과 성명이 무단으로 사용되어 지는 경우에는 정신적 손해에 따른 위자료 배상이 유일한 방법이 되었습니다. 다만 정신적 손해가 발행할 만한 사안인지 여부에 대한 검토를 치밀하게 해야 하고, 위자료 배상의 경우에는 우리나라 법원이 인정하는 금액이 매우 적어서 많게는 5백만원에서 적게는 1백만원 정도 수준에 그치므로 이를 감안하여 소송을 진행하는 것이 적정할 것으로 판단됩니다.

 단역 배우 조상규 소개

저자는 2018. 4. 11.자 뉴스투데이 기사로 〈SBS '리턴' 출연 배우 조상규 변호사, "성공의 조건은 기회와 실력"〉 이라는 제목의 JOB인터뷰를 진행한 적이 있습니다. 변호사로서의 삶을 살면서 단역 배우라는 직업에 도전한 과정을 인터뷰한 내용인데, 소개해 드리자면 아래와 같습니다.

> '전문가'는 대게 스스로 책임질 정도의 능력을 가지고 자신의 이름으로 일 하는 사람들을 지칭한다. 자신의 분야에서 두각을 나타내면서도 끊임없이 공부해야만 하는 사람들이기도 하다.

전문직종이라는 '한가지' 영역에서 성공하기도 치열한 경쟁시대에 오히려 다양한 영역에 도전하고 있는 사람들도 있다. 직업적 성공과 삶의 가치를 조화시키는 것이다.

조상규 변호사(40.사진)는 바로 그런 사람이다. 변호사, 배우, 작가, 법학박사, 금융MBA, 변리사, 중앙대·경희대 겸임 교수 등 주요경력으로만 채워도 명함에 공간이 부족해 큐알코드를 사용할 정도다.

조 변호사는 10일 뉴스투데이와 가진 인터뷰에서 직업적 성공의 조건으로 '기회'와 '실력' 두 가지를 꼽았다. 끊임없는 영업활동을 통해 '기회'를 만들어내야 하고, 그 기회를 잡으려면 '실력'이 필요하다는 것이다.

조 변호사가 서너개의 직업을 영위해 온 것은 '열정'의 소산이지만, 바로 '기회'를 넓히기 위한 전략적 선택이라는 느낌도 들었다.

매년 생일마다 책을 출간하기로 계획을 세워 벌써 <문화예술저작권 분쟁의 숲에 가다> , <김영란법 제대로 알기> , <기업법무 제대로 알기> 등 3권의 책을 저술했다. 최근에는 '기업경영법무연구원'과 '한국회계법학연구소'를 설립하여 대표직을 맡고 있다.

조 변호사는 많은 타이틀을 가지고 있으면서도 본업인 변호사로서의 책임에 가장 비중을 두고 있다. 자신의 이름을 내걸고 일하는 만큼, 사람들에게 '신뢰'를 주는 것이 최소요건이기 때문이다. 변호사, 교수, 배우, 작가 등의 많은 역할을 해내면서도 조 변호사는 전혀 힘든 내색을 보이지 않는다. 오히려 어디서나 분위기를 주도하는 유쾌한 인물이다. 조 변호사가 다양한 업무를 '재밌게' 해나갈 수 있는 비결은 무엇일까.

Q. 최근 SBS 수목드라마 '리턴'에서 형사 역할로 출연했다. 연기를 따로 배운 적이 있는지?
A. 가난한 집에서 태어나 공부가 아니면 생존이 위협받는 유년기를 보냈다. 20대에는 고시공부 한다고 도서관에서 젊은 시절을 모두 보낸 고리타분한 고시 출신 변호사라 연기를 배울 시간도, 기회도 없었다. 연기를 제대로 배운 적도 없고 사투리를 쓰기 때문에 최대한 평소처럼 자연스럽게 연기하려고 노력했다.

Q. 리턴 드라마를 본 주변의 반응은?

A. 시청률이 17%에 육박하는 드라마였다. 긴 대사를 소화하는 장면이 있어서 본 방송이 나가고 있는 도중에도 지인들이 너무나 많이 연락을 해줬다. 아는 사람이 드라마에 나오니 신기하다는 반응부터 연기가 자연스럽다고 좋게 봐주시는 분들도 많았고, 어색했다는 악평도 있었다.

Q. 연기자로 활동한 이력을 알려달라.

A. 현재 박나래, 김준현 등의 유명 개그맨이 소속되어 있는 JDB엔터테인먼트에 배우로 소속되어 있다. 소속사에서 형사 역할 오디션을 연결해줘서 오디션을 본 적이 있는데, 사투리로 대본 리딩하고 괜한 살인의 추억 배우 송강호 흉내를 내다가 떨어지기도 했다. 이제까지 드라마는 두 번 출연했는데, 두 번 모두 형사 역할을 했다. 첫 번째 드라마는 SBS주말드라마 '떴다 패밀리'였는데, 당시 SBS 고문변호사를 하고 있는 기회에 감독님과 인연이 생겨 형사 역할로 출연을 했다. 비록 시청률은 낮았지만 유명 연예인들과 종방연도 함께하면서 소중한 추억을 만들었다.

Q. 전문직의 성격을 잘 드러내도록 변호사로서 시사 프로그램 패널에 나갈 수도 있었을텐데 드라마에 배우로 출연한 이유가 궁금하다.

A. 다양한 종편에 뉴스, 시사프로 패널로 출연을 많이 해봤다. 종편 패널은 시사나 법률을 다루고 생방송으로 이루어져 상당히 긴장감이 있어 좋다고 생각한다. 다만 어떤 변호사가 출연하든지 비슷한 내용의 법률 전문가적인 답변을 할 수밖에 없다는 점에서 나만의 색깔을 드러내기 힘들다고 느꼈다. 집에 25kg정도 나가는 대형견을 키우는데 그 이야기를 방송에서 꺼냈다가 조연출들을 긴장시킨 적이 있다. 또 시사프로그램에선 똑똑하고 점잖은 변호사 역할만 해야하지 않나. 좀 다양하고 색다른 도전을 해보고 싶었다.

Q. 본 직업인 변호사 업무에 소홀해지지 않냐는 우려의 시선도 있을 것 같다.

A. 워낙 활동을 많이 하니까 변호사로서의 본업은 언제 하느냐고 묻는 분들이 많다. 사실 하루의 대부분은 변호사 업무인 소송과 자문을 하는데 할애하고 있다. 비밀유지 문제도 있고 업무 내용을 SNS에 올리기도 적당치 않아 공개를 못 할 뿐이다. 배우로서 촬영을 하는 날은 정말 어쩌다 한 번 있는 일이기 때문에 그 정도 시간 조정은 충분히 할 수 있다. 드라마

리턴을 촬영할 때에도 단역이기도 했지만 촬영시간 2~3시간만 투자하면 내 분량은 충분히 찍기 때문에 시간적인 어려움은 없었다.

다만 변호사로서의 일상을 살아가다가 갑자기 드라마 배우로서 대본을 외우고 촬영장에서 연기한다는 것이 엄청 부담스러운 일인지라 할 수 있다는 용기를 내는 것이 오히려 제일 어려운 일이다. 이번 작품에 용기를 내서 출연한 목적 중에 하나는 주어진 역할은 뭐든 잘 해낼 수 있다는 것을 스스로에게 증명하고 싶었던 마음도 있었다.

Q. 변호사는 항상 '분쟁'하는 직업이다. 어떻게 일을 즐기면서 하는지
A. 사람은 누구나 많은 역할들을 맡고 살아가지만 그 역할을 즐길 줄은 모르는 것 같다. 조상규라는 사람은 변호사이면서도 교수, 정부위원회 소속 위원 등 여러개 타이틀이 있다. 모두 하나의 배역이라고 생각한다. 강의를 할 땐 교수 역할을 맡아 연기를 한다고 생각하고, 정부 위원회 소속 위원회에서 치열한 토론을 할 땐 국회의원에 가까운 역할을 한다고 상상한다.

예를 들어 나는 진짜 변호사이지만, 법정에서 의뢰인을 위하여 변론을 펼칠 때 스스로를 변호사 역을 맡은 배우라고 상상한다. 그러면 좀 더 객관적인 관점에서 무엇이 의뢰인을 위한 '최고의 변호사'일까 생각할 수 있게 되고 그에 맞는 치밀한 준비를 하게 된다. 법정에서 설득력 있게 진술하는 모습이 절정이다. 이런 '역할'을 훌륭하게 소화하니 재판 결과도 좋을 수밖에 없다.

오히려 그 어떤 배우보다도 진정성 있는 연기가 가능한 것이라고 생각한다. 진짜 변호사니까. 이런 생각들은 주어진 모든 역할들에 책임감을 갖고 최선을 다 할 수 있도록 만들어주는 원동력이 된다. '언제나 혼신의 연기를 펼치는 대배우'처럼.

Q. 매우 바쁘게 살아간다. 하루가 부족하다고 생각하는지.
A. 다양한 영역에서 많은 활동을 하고, 또 성과를 내는 것을 보고 잠잘 시간은 있는지 물으시는 분들이 많다. 정작 나는 하루에 8시간 이상은 푹 잔다. 사실 눈 떠 있는 시간에 딴 짓을 안 하면 시간은 얼마든지 쓰기 나름이다. 요령 있게 한 번에 두세 가지 일을 하면 시간은 무

한대로 늘어난다. 쪼개고 또 쪼개니 시간이 마르지 않는 샘처럼 나오더라.

또 중요한 것은 같은 시간을 써도 시간이란 개념은 모두에게 동일하지 않다. 하루 2~3시간 일해도 '자신의 이름'을 걸고 자신의 성과로 만드는 일을 하는 것은 남의 일을 해주는 부속품 같은 12시간을 보내는 것보다 의미 있는 시간을 보낸 것이다. 결과적으로 남들이 볼 때도 전자가 더 많은 일을 한 것처럼 보인다. 자신의 이름을 걸고 자신의 성과로 할 수 있는 일을 해라. 그러면 같은 시간에 더 많은 일을 한 사람이 된다.

Q. 어쨌든 본업은 변호사인데, AI가 떠오르면서 변호사 역시 대체직업이라고 말을 한다.

A. 한국의 첫 인공지능(AI) 변호사 '유렉스'가 지난 2월 대형 법무법인에 '취직'해 화제가 됐다. 유렉스를 만든 인텔리콘 대표와 아주 친한 사이여서 유렉스 출시 전부터 많은 이야기를 들었다. 결론적으론 지금의 인공지능 변호사 수준은 실제로 법률업무를 하는 변호사에게 좋은 보조 장치 정도의 수준이라고 본다.

주니어변호사 수요가 줄 것이란 전망도 있던데 그렇지 않다. 주니어변호사는 정보검색 장치가 아니다. 법정에 출석해서 변론도 하고, 새로운 법리를 해석하고, 의뢰인들과 미팅도 함께 한다. 아직 인공지능 '따위가' 자리를 빼앗아 갈 만큼 그렇게 변호사업무가 단순하지만은 않다.

Q. 자신만의 색깔을 갖는 것이 어쩌면 곧 '필수'가 될 것으로 보인다. 지금 변호사를 준비하고 있는 학생들에게 조언해주자면.

A. 변호사라는 전문직의 메리트(merit)는 떨어지고 코스트(cost)는 증가한 것이 사실이다. 이러한 현실을 있는 그대로 받아들일 때 새로운 길을 찾을 수 있다. 성공하려면 기회와 실력 두 가지가 필요하다. 특히 사람들을 많이 사귀고 소위 영업활동을 열심히 해야 기회가 온다. 다만 이 때 실력이 없다면 기회는 줄어들고, 반대로 실력만 있고 사회생활에 소극적이면 숨은 고수가 될 뿐이다. 기회가 있어야 실력을 펼칠 수 있으니까.

항상 기회와 실력의 균형을 잘 맞추어가면서 꾸준히 한다면 어느 순간 자신에게 가장 잘 맞는 자리에서, 가장 좋아하는 일을 하며 경제적으로도 여유 있는 삶을 살고 있는 자신을 발견하게 될 것이라 믿는다.

🅑 일반인의 초상은 얼마나 보호가 될까요? 마스크 사진 사건

마스크제조업체에 다니던 직원이 재직 당시에 회사의 마스크를 착용하고 피팅모델과 함께 커플샷 등의 마스크 모델 사진을 촬영하고, 회사는 그 사진들을 마스크 포장 봉투 등에 사용하였는데, 직장 내 괴롭힘 등으로 회사로부터 쫓겨난 직원이 당시의 모델 사진 촬영에 동의를 한 바가 없다는 이유로 초상권 침해에 대한 손해배상청구소송을 회사에 제기한 사건이 있었습니다.

법원은 사진의 촬영이 초상권 침해가 되지 않기 위해서는 사진 촬영에 동의를 받아야 할 뿐만 아니라 촬영된 사진의 공표가 촬영에 관한 동의 당시에 피촬영자가 허용한 범위 내의 것이어야 하고, 이러한 사실에 대한 증명책임은 촬영자에게 있다고 보고, 이 사건은 "원고가 예상하거나 허락한 범위를 넘어 원고의 자기정보에 대한 통제권 및 초상이 영리적으로 이용당하지 않을 권리를 침해한 것으로 위법하고, 원고는 그로 인하여 정신적 고통을 입었다고 봄이 상당하다. 원고 및 피고의 관계, 원고가 이 사건 촬영에 이르게 된 경위 및 마스크를 착용한 사진의 초상권 침해 정도, 피고가 이 사건 사진을 영리의 목적으로 사용한 동기와 경위 및 기간, 수익 등 변론에 나타난 제반 사정을 종합적으로 고려할 때, 피고가 원고에게 배상할 위자료 액수는 3,000,000원으로 정함이 상당하다."(서울동부지방법원 2021가단 118931 손해배상(기) 판결)고 보았습니다.

현재 해당 사건은 항소심 진행 중에 있으나 원심판결에는 여러 가지 의문점이 남습니다. ① 마스크를 착용하고 있어 누구인지 쉽게 분별할 수가 없는 사진입니다. 즉, 특정인임을 식별할 수 있어야 하는데, 그렇지 못한 사진이며, ② 직업 모델과 함께 회사 사원으로서 촬영한 사진으로 전문 모델이 아닌 직원의 입장에서는 기분이 나쁘거나 불쾌한 사진일 수가 없습니다. 회사의 마스코트가 된 것이 오히려 자랑스러울 수 있는 사진으로서 위 연예인 민효린의 코 사진에 성형의혹을 일으킨 것과 비교해 보면 쉽게 차이를 알 수 있습니다. ③ 법원은 사용 범위에 관하여도 촬영 당시 사용 범위에 관하여 허용한 범위 내이어야 한다고 하나, 마스크제조업체 직원이 전문 모델과 함께 마스크 사진을 스튜디오에서 사진작가를 통해 촬영하면 광고 사진으로 쓴다는 것은 당연한 전제인데, 이러한 상식적인 전제를 부정한 판결로 보입니다. ④ 회사와 근로분쟁으로 퇴사한 직원이 제기한 소송이라는 사실에서도 보복심리 등이 개입된 소송으로 보일 수 있다는 점. ⑤ 앞서 본 사건들과 같이 연예인의 초상이 완전히 노출된 사건에서도 위자료가 2백만원 내지는 3백만원으로 판결이 나는데, 마스크까지 쓴 일반인이 마스크모델로 나온 사진에 대한 정신적 배상으로는 3백만원이 전혀 합당하지 아니한 금액이며, 전문 모델로 당시 30만원에 모든 촬영을 마친 점 등을 종합하면 납득하기 힘든 판결이 아닌가 합니다.

비교하여 개그맨 김인석이 저자에게 유투브를 통해 질의한 사안을 보면, 자신의 바디프로필 사진을 일본의 헬스장에서 사용한 사건입니다.

일본에서의 재판 및 집행이라는 쟁점을 제외하고 한국에서만 놓고 판단해 볼 때 술집 간판에 사용한 것이라면 기분이 나쁠 수 있으나, 헬스장에 몸짱 사진을 쓴다는 것은 그렇게 기분이 나쁠 일은 아니라고 할 수 있습니다. 다만 현재 연예인에게 퍼블리시티권이 인정되지 아니하는 전제에서 초상권과 같은 인격권 침해에 따른 위자료를 인정받기 위해서는 허락 없이 사용하였다는 정황 정도라면 충분하다고 보여 집니다. 다만 앞서 본 사례들처럼 배상액이 많아야 3백만원 정도에 그칠 가능성이 높습니다.

  저자의 경우 2008년 법무관을 시작할 무렵 한 결혼정보회사에서 저자의 사진을 광고용 메일에 사용하여 자신의 소속 회원임을 홍보한 사실을 확인하고 손해배상을 요청한 사실이 있었습니다. 당시 "애완남키우기 나는펫"이라는 예능프로그램에 소개남의 역할로 출연하여 상당히 알려져 있던 터라 이를 결혼정보회사에서 활용하기 위함이었던 것으로 보였습니다. 결혼정보회사의 회원인지 여부는 공개를 원하지 않을 수 있는 사생활의 영역이므로 당사자의 동의가 없는 무단 사용은 충분히 기분이 나쁠 수 있고, 이를 허위로 광고하였을 경우 초상권 침해에 따른 위자료를 지급하는 것이 타당합니다. 해당 결혼정보회사에서는 평생 회원권을 제공하겠다는 배상안을 제안하였지만 저자는 달콤한 배상안을 거절하고 소송을 진행하여 연예인들의 위자료보다 높은 8백만원에 이르는 배상액을 확정지었지만 결혼정보회사의 폐업으로 한 푼도 받을 수 없었다는 에피소드가 있었습니다.

새로운 민생사건의 탄생

화보촬영 모델들이 60만원 내지는 80만원씩을 받고 디지털이미지 회사와 초상권 사용허락계약을 맺고 디지털이미지에 사용될 사진을 촬영하였습니다. 그런데 디지털이미지 회사는 OTT사업처럼 월정액의 수수료를 소비자들에게 받으면서 자신들이 보유한 많은 사진들을 소비자들이 이용할 수 있도록 제공하는 사업을 하고 있었습니다. 소비자들 중에는 성형외과 광고마케팅을 하는 담당자들이 있었고 이들은 모델들의 사진을 내려 받아 성형외과 광고에 사용하였는데, 모델들이 자신들의 명예가 훼손되었다는 이유로 성형외과들 마다 각 2천만원에서 3천만원 정도에 이르는 배상액을 지급하라는 소송이 제기된 사건입니다.

해당 사건의 결론은 성형외과 병원들은 초상권 침해 및 명예훼손이 인정되어 정신적인 손해로 각 5백만원 내지는 2백만원 정도씩을 모델들에게 배상하라는 것이었습니다. 당시 재미있는 부분은 "자신의 의사에 기하여 성형수술사실을 밝힌 적이 있다면, 자신의 의사에 반하여 허위의 성형수술사실이 공표되더라도 정신적 고통을 받지 않는다는 피고들 주장은 그 자체로 타당성이 없어 받아들일 수 없다. 다만, 원고 차재일이 첫눈성형외과, 원고 이미선이 디마레클리닉 및 상상클리닉, 원고 권정아가 제림성형외과에서 각 성형수술 및 시술 관련 홍보모델 내지 후기모델로 활동한 바 있다는 사정은 아래에서 보는 바와 같이 위자료 산정에서 고려하기로 한다."(서울중앙지방법원 2018가합 502622 손해배상(기) 판결)라는 부분이었습니다. 모델들이 성형을 했는지 여부 및 성형외과 모델을 했는지 여부는 정신적 고통을 판단하는 기준이 될 수 없다는 것입니다. 동의 없이 여자 모델들의 사진이 성형외과 병원에 사용된 사실만 있다면 무조건 위자료 배상을 하여야 한다는 것으로 보여지나, 이는 성형수술을 바라보는 사회적인 관점의 변화에 따라 조금씩은 다른 판단을 할 수도 있는 부분이 아닌가 합니다. 성형 자체가 무조건 부끄럽고 숨기고 싶은 사실은 아닐 수 있기 때문입니다.

그리고 위 판결은 디지털이미지 회사의 약관이 문제였습니다. 해당 약관에는 아주 작고 좀좀한 글씨로 성형외과 등에 사용을 금한다는 문구가 존재했는데, 성형외과 광고마케팅 담당자들은 그러한 약관을 읽어볼 생각도 하지 못한 것이었습니다. 결국 전국적으로 이러한 소송은 우후죽순처럼 번졌고, 법원은 모델들의 손을 들어주었습니다. 그렇다면 여기서 의문은 디지털이미지 회사의 여자모델 사진들을 사용하고자 했던 많은 소비자들이 왜 약관을 확인하지 못했는지, 모델들은 30만원이 아니라 5백만원 내지는 2백만원의 모델료를 성형외과 병원들로부터 각각 받게 되어 거액의 배상액이 되는 결과를 어떻게 받아들여야 하는지 여부입니다. 이렇게 소비자들의 입장에서는 약관을 잘 확인하지 않고 이미지를 사용하게 되는 함정 아닌 함정 속에서 이미지 회사와 모델들은 거액의 부외수입을 올리게 되는데 이는 또 다른 민생사건의 발생이 아닌가 합니다. 디지털이미지 사용 시에는 약관 확인을 잘 하시기 바랍니다.

🅑 김제동 어록은 보호가 될까요?

2005년경 방송인 김제동의 어록들을 모아서 어록집을 출간한 출판사를 상대로 김제동이 자신의 허락 없는 출간에 대하여 판매금지가처분신청을 하였는데, 법원은 김제동의 손을 들어주었습니다. "맑은 날만 계속된다면 지구는 사막이 될 것입니다. 지금은 땅의 불빛이 아니라 하늘의 별을 보고 꿈을 키울 때입니다."와 같은 어록들이 수록되었는데, 법원은 "대부분 국민이 해당 멘트를 듣고 특정인물을 떠올릴 수 있다면 넓은 의미의 저작권으로 인정해야 한다."는 애매모호한 기준으로 가처분을 인용한 것입니다. 세상에는 좋은 표현이 많습니다. 그런데 저자 조차도 저러한 멘트를 보고 김제동이 한 말인지 여부을 인지할 수 없는데, 저러한 어록에 저작권 유사 개념을 반영한다는 것은 매우 위험한 판단으로 보입니다. 넓은 의미의 저작권이라는 개념을 인정한 판결로 보이는데 가처분의 청구권원은 김제동의 성명권과 퍼블리시티권이었으므로 함부로 저작권의 개념에 포섭시켜서 사용해서는 안 될 것입니다.

🅑 개그맨 유재석의 평전을 만들 때 유재석에게 허락을 받아야 할까요?

평전이 나올 정도의 개그맨이 되는 것 자체는 영광스러운 일이라고 생각됩니다. 가문의 영광이지요. 하지만 영광스러운 일이라고 하더라도 본인의 허락을 받지 않았다면 평전 출간이 가능할까요? 정답은 허락을 받을 필요가 없습니다. 유재석 측에서는 본인이 부담스러워하여 출판을 안했으면 하는 의사를 전달한 사실이 있다고 합니다. 즉, 명시적인 허락을 얻지 못한 것입니다. 본인이 원하지 않는데 평전을 낸다는 것이 언뜻 이해는 되지 않을 수도 있습니다. 하지만 비슷한 시기의 반기문 전 유엔사무총장에 대한 평전과 마찬가지로 공인에 대한 평전은 언론의 자유로 보장을 받기 때문에 평전 출간에 당사자의 동의를 필요로 하지 않습니다.

🅑 개그맨들의 유행어 좀 보호해주세요!!!

저자는 개그맨 기획사에 소속되어 있다 보니 개그맨들의 애환을 들을 일이 많았습니다. 그 중에서 유행어의 보호가 큰 이슈가 되었습니다. 개그콘서트에서 열심히 유행어를 만들어 전파한 개그맨들에게 있어서는 유행어를 이용한 광고 촬영 등을 기대하기 마련입니다. "고뤠?~~~", "소고기 사묵지", "빡! 끝!"등 널리 알려진 유행어는 큰 수입원이니까요! 그런데 라디오를 듣다보면 그 개그맨은 아닌데 거의 유사한 목소리로 동일한 유행어를 이용한 성우의 광고를 자주 접하게 됩니다. 고생은 개그맨들이 하고, 결국 광고주 입장에서는 가격이 싼 성우의 목소리만 입힌 광고를 제작하여 이를 활용하는 편법 아닌 편법이 널리 사용되었습니다. 화가 난 개그맨들은 유행어에 저작권을 인정받기 위해 열심히 노력하였습니다.

하지만 유행어에는 저작권이 인정되지 않습니다. 만약 짧은 단어와 문장 형식으로 구성된 유행어에 저작권이 인정되는 순간, 이와 동일한 단어와 문장을 쓰는 모든 사람들은 저작권 침해가 되기 때문입니다. 그리고 유행어를 말하는 개그맨의 특유의 억양과 얼굴표정, 말투 모든 것이 다 포함되어야 국민들이 인지하는 그 유행어가 되는 것이지, 이를 단순히 글로 적어 둔다면 유행어인지 아닌지도 모를 일이기 때문입니다. 저자의 입장에서도 유행어에 저작권이 인정되는 것은 무리라고 봅니다. 그러므로 이러한 관점에서 바라본다고 할 때 위 김제동 어록 사건의 "넓은 의미의 저작권"개념은 매우 위험한 것입니다. 김제동에게 인정한 넓은 의미의 저작권은 유행어에 딱 들어맞는 개념이며, 오히려 어록보다 유행어가 더 "특정인물을 떠올리기"에 충분하기 때문입니다. 즉, 법원이 넓은 의미의 저작권 개념을 인정하는 순간 유행어에도 저작권을 인정해주는 것이 타당합니다.

결국 유행어는 소리상표권으로 해결되었습니다. 소리상표 자체는 2012년부터 시작되었는데, 유행어가 소리상표로 등록된 것은 2017년부터 입니다. 법원이 유행어 침해에 대한 판단을 할 때 어려움은 있겠지만 일단은 권리를 등록할 수 있다는 것 자체가 매우 흥미로운 일입니다. 박나래의 "나래바"도 문자상표로 등록되었습니다. 새로운 콘텐츠를 계속적으로 생산해내는 연예기획사의 입장에서는 자신들의 콘텐츠를 허락 없이 상업적 용도로 사용하는 것을 막고, 권리로서 보호받기 위한 노력들을 하고 있고, 저작권의 영역이 아니라 상표권의 영역에서 어느 정도

성과를 이루었습니다. 앞서 설명 드린 바와 같이 이제는 메타버스의 세상 속에 제이디비앤터테인먼트의 모든 콘텐츠가 올라갈 것이고, 그들의 캐릭터와 콘텐츠에 NFT를 심어 무단 복제를 막을 수 있는 새로운 시대가 열렸고, 플레이댑이라는 블록체인 기반 게임업체와 이미 시작하고 있습니다. 이것이 우리가 집중해야 할 블록체인 시대의 콘텐츠산업인 것입니다.

🅑 유투브 저작권 쟁점

"유익남TV"라고 하는 유투브채널에 출연한 적이 있었습니다. 오랜 지인이 하는 유익한 지식을 전달하는 채널인데, 2019년 유투브 저작권이 이슈가 되던 초창기에 저작권 전문 변호사로 유투브와 관련된 저작권 쟁점을 설명하는 기회를 가졌습니다. 저도 "조상규TV"라는 채널이 있고 다수 채널에 출연했지만 유익남의 유투브강의는 조회수가 3만회가 넘은 유일한 영상입니다. 당시 나왔던 쟁점들을 본서에서 재구성하여 독자들에게 설명 드리고자 합니다.

① 유투브 영상에 방송짤을 사용해도 될까요?

유투브 크리에이터들이 제일 많이 실수하고 고민하는 부분이 바로 다른 매체를 활용한 자신의 영상제작입니다. 매체라고 한다면 배경음악도 있을 수 있겠지만 드라마의 한 장면을 짧은 영상으로 편집해서 이를 사용하는 경우가 많을 것입니다. 이러한 방송짤을 저작권자의 동의 없이 사용하면 저작권 침해에 해당합니다.

판단의 순서는 이렇습니다. 먼저 내가 편집하고자 하는 대상이 저작물인지, 저작물이라면 저작권자는 누구인지에 대한 검토가 이루어져야 합니다. 예를 들어 제가 형사 역할로 출연한 대작 SBS 드라마 "리턴"이 있습니다. 제가 출연할 당시에 시청률 17%를 찍으며 여기저기서 지인들의 확인 전화가 걸려오던 때도 있었습니다. 리턴이라는 드라마는 영상저작물로 그 저작권자가 SBS인 것은 당연히 알 수 있습니다. 여기서 제가 너무나도 뿌듯한 나머지 제가 출연한 영상 부분만을 편집해서 제 SNS나 블로그에 올렸는데, 바로 삭제가 이루어졌다는 것입니다.

저의 행위 자체만 놓고 보면 SBS가 보유한 영상저작물에 대한 저작재산권 중 복제권 침해, 저작인격권 중 동일성유지권 침해로 볼 수 있습니다. 앞으로도 계속 반복해서 설명 드리게 될 중요한 개념이 될 텐데, 짧고 간단하게 설명하면, 저작재산권에는 복제권, 공연권, 전시권, 배포권, 대여권, 2차 저작물작성권 등이 있고, 저작인격권에는 공표권, 성명표시권, 동일성유지권이 있습니다. 타인의 영상저작물을 일부 편집하고 복사하여 사용하는 방식이므로 복제권, 동일성유지권 모두 침해가 됩니다. 저작권 침해에 대해서는 형사책임, 민사책임 모두 지도록 되어 있습니다. 저작재산권 침해는 5년 이하의 징역 또는 5천만원 이하의 벌금, 저작인격권 침해는 3년 이하의 징역 또는 3천만원 이하의 벌금이라는 형사처벌이 부과될 수 있습니다. 다만 친고죄라서 합의를 하면 형사처벌은 면할 수 있습니다. 대부분 민사적으로 배상으로 해주고 형사합의를 하면 벌금이 나오는 경우는 없다고 보시면 됩니다.

그러나 자신이 출연한 영상 부분을 너무 기쁜 나머지 조금 편집해서 자신의 블로그에 올렸다고 해서 형사처벌을 받지는 않겠지요. 그리고 저작권법은 저작재산권의 제한이라는 부분을 별도로 규정하여 저작권의

무소불위의 권력행사를 통제하고 있습니다. 즉, 이러한 경우 제30조에서 "공표된 저작물을 영리를 목적으로 하지 아니하고 개인적으로 이용하거나 가정 및 이에 준하는 한정된 범위 안에서 이용하는 경우에는 그 이용자는 이를 복제할 수 있다."라고 하여 "사적이용을 위한 복제"를 허용하고 있습니다. 또한 포괄규정으로서 제35조의5는 "저작물의 통상적인 이용 방법과 충돌하지 아니하고 저작자의 정당한 이익을 부당하게 해치지 아니하는 경우에는 저작물을 이용할 수 있다."고 하여 저작물의 공정한 이용은 저작자의 허락을 받을 필요가 없음을 규정하고 있습니다. 즉, 저작자의 허락 없이 저작재산권의 일정 부분은 사용이 가능할 수 있다는 것입니다. 다만 그 범위가 상당히 제한적이고, 제38조에서 저작인격권은 이러한 규정에 영향을 받지 아니한다고 규정하여 저작인격권 침해는 별도로 발생할 수 있는 것으로 예정하고 있기 때문에 저와 같은 경우에도 저작권 침해가 될 확률이 매우 높습니다. 저도 사적인 이용이라고 생각하지만 변호사의 블로그에 SBS 드라마 영상이 편집되어 짤방으로 올라가 있다는 것은 결코 쉽게 용납되지는 않을 듯합니다.

결국 매우 경미한 사안이고 상업적으로 이용한 경우도 아니므로 유투브나 네이버 같은 플랫폼이 자체 검열 시스템으로 해결하는 케이스라고 할 것입니다. 음원과 같은 경우 유사한 사례는 "라이온 킹"이라고 하는 영화의 주제가 중 일부를 거의 유사하게 따라 부른 다음 이를 유투브에 올려서 어떻게 되는지 확인해 본 사람들이 있었습니다. 유사하면 인공지능 검열시스템에 포착이 되고 자동으로 저작권자 동의 유무를 확인해달라는 요청과 함께 더 이상 해당 영상을 사용할 수 없게 되는 자체 검열시스템이 있습니다. 재밌는 것은 영상의 경우는 바로 검열이 되어 사용을 못하게 하는데 스크린샷으로 장면을 찍어서 사적인 수집 내지는 사적인 설명을 다는 경우에는 또 아무런 제약 없이 사용이 가능하다는 점입니다.

당연한 이야기이겠지만 저작권자가 영상사용을 허락한 경우나 계약으로 사용의 범위를 정한 경우에는 영상을 사용할 수 있습니다. 그렇지 않은 경우라면 상업적 용도로 사용되는 것은 저작권 침해로 보아야 할 것입니다. 상업적 용도를 놓고 유투브 크리에이터의 성격이 문제될 수 있는데, 일반인이 유투브 영상을 만들어 업로드를 한다고 그것이 상업적일 수는 없다고 판단할 수도 있습니다. 하지만 유투트는 조회수에 따라서 리워드가 주어지고 경제적 수익이 따라오는 구조로 되어 있어 상업성 여부를 판단하기에 아주 애매한 경계에 있습니다. 즉, 상업성을 표방하면 당연히 제한을 받겠지만 상업성을 표방하지 않고 취미생활처럼 제작하는 영상도 조회수에 따른 수익이 발생할 수 있어 단순히 마음 편하게 사용할 수 있다고 생각하면 안 된다는 점을 말씀드립니다.

② 다른 크리에이터들의 영상을 허락 없이 사용해도 괜찮을까요?

원칙론적으로나 교과서적으로 설명 드리자면 당연히 안 됩니다. 저작권자가 있는 저작물을 허락 없이 사용할 수는 없다는 것이 원칙입니다.

하지만 영화소개나 음원 소개처럼 예고편을 제작해서 배포하는 경우가 있습니다. 즉, 영화를 보지 않은 사람들에게 영화를 홍보하기 위한 일정 범위에서의 영화 장면들을 보여주기 위하여 제작한 예고편은 사실 영화 소개프로그램에서 사용할 수밖에 없고, 그렇게 묵시적으로 사용이 허락된 범위 내의 영화영상은 영화를 제작한 쪽에서도 홍보를 위해 많이 사용되어지기를 원할 것입니다. 즉, 묵시적 동의 내지는 사용허락을 위한 배포라고 보아 이를 이용한 2차 저작물인 영상을 제작하는 행위는 문제가 되지 않을 수 있습니다. 앞선 치과병원 블로그 사건처럼 가수들의 앨범 자켓 사진을 이용한 앨범 홍보 행위가 있었고, 이후 앨범 자켓 사진을 이용한 사례의 경우 묵시적인 이용허락이 있다고 보게 되는 것입니다. 하지만 비현실적인 가정을 할 경우, 예고편 영상을 배포하면서 저작권의 출처를 밝히고 동의 없이는 사용할 수 없다는 경고를 붙여 놓을 수도 있습니다. 그런 경우에는 당연히 사용할 수가 없게 되는 것입니다.

다른 크리에이터가 유명 인플루언서라고 가정한다면 그 유명 인플루언서는 자신보다 더 유명한 연예인이 자신을 홍보해 줄 수 있는 경우의 영상이 아니라면 일반인들이 함부로 자신의 영상을 사용하는 것을 허락해줄 이유가 없을 것입니다. 또한 앞서 설명 드린 것처럼 유투브는 일반인들도 조회수가 잘 나오게 되면 광고 또는 경제적 수익이 수반되기 때문에 상업적 용도가 아니라고 하더라도 문제될 소지는 충분합니다. 그러므로 일반적으로는 다른 크리에이터들의 영상을 사용하는 경우에도 허락을 반드시 받아야 할 것입니다.

③ 저작권을 침해하면 얼마나 배상해야 할까요?

앞서 설명 드린 것처럼 형사처벌(대부분은 벌금이 되겠습니다.)을 받는다고 손해배상 의무가 없어지는 것은 아닙니다. 그래서 형사로 벌금을 내느니 차라리 합의해서 고소취하하면 손해배상만으로 벌금은 따로 처벌을 받지 않을 수 있기 때문에 대부분 합의가 이루어집니다. 이와 관련해서는 저작권 분쟁에서 별도로 설명을 드리도록 하겠습니다.

그렇다면 영상을 사용할 때 처음부터 사용료를 협의하여 정하는 것이 제일 합리적인 방법일 텐데, 협의를 하지 않고 무단으로 썼다면 배상액에 대한 어떤 기준이 존재하는지 알 필요가 있습니다. 저작권법 제125조는 저작재산권의 침해에 대하여 몇 가지 기준을 제시하고 있는데, 첫 번째는 저작권을 침해한 자가 그 침해행위로 이익을 받은 때에는 그 이익의 액을 손해의 액으로 추정합니다. 두 번째는 저작권의 행사로 통상 받을 수 있는 금액에 상응하는 금액을 손해의 액으로 청구할 수 있습니다. 즉, 평소 해당 저작물의 사용 계약을 체결할 때 그 사용료 수준이 될 것입니다. 하지만 손해가 더 많이 발생하여 사용료 이상의 손해가 발생하였다고 한다면 이러한 초과 손해에 대해서는 별도로 더 청구가 가능합니다. 세 번째는 이러한 기준들로도 손해액을 산정하기 어려운 경우에는 저작권법 제126조에서 법원이 변론의 취지 및 증거조사의 결과를 참작하여 상당한 손해액을 인정해 줄 수 있습니다. 결론적으로 저작권법은 저작권자가 저작권 침해를 당하면 손해배상청구를 해서 배상을 받는데 매우 협조적으로 잘 규정되어 있다는 사실입니다. 그러므로 고의든 과실이든 타인의 저작권을 침해한 경우에는 이러한 저작권법의 배상액 기준을 인지하고 그와 근접한 수준에서의 배상액 합의가 이루어지는 것이 적당할 것으로 판단됩니다.

④ 썸네일에 연예인 사진이나 크리에이터 사진을 사용해도 괜찮은 것인가?

앞서 설명 드린 내용과 대동소이 합니다. 왜냐하면 유투브 저작권 분쟁의 핵심은 단순 취미나 수집 목적이 될 수 없는 애매한 영역으로 진입을 했다는 것입니다. 유투브는 조회수에 따른 보상이 이루어지는 구조이므로 단순 취미나 수집 목적을 언제든지 부정할 수 있는 구조에 놓여 있고, 경제적 이익 발생과 직결된다는 것입니다. 그렇다면 저작권 침해 여부에 대한 판단도 조금은 보수적으로 할 필요가 있습니다. 연예인이나 크리에이터의 사진을 사용하는 목적은 누가보아도 자신의 영상을 홍보하기 위한 하나의 수단이므로, 이를 마음대로 이용할 수 있는 가능성은 매우 낮다고 보아야 합니다. 반대로 연예인이나 크리에이터가 유명하지 않은 유투브 초심자의 영상을 써서 홍보를 해준다면 그 초심자는 공짜 홍보가 이루어져서 좋아할 가능성도 있지만 아주 드물게는 초상권 침해 등으로 이의를 제기할 가능성도 있다고 보아야 합니다. 그러므로 결론은 어떻게든 저작권자의 허락을 받아야 한다는 것입니다. 특히, 유투브의 세상은 더욱 더 허락과 동의가 필요하다고 하겠습니다.

⑤ 유투브 내에서 저작권 문제가 크게 발생할까요?

향후에 큰 분쟁이 벌어질 것이라 예상됩니다. 제일 먼저 출처나 검증이 즉시 가능한 드라마 영상이나 음원과 같은 경우에는 플랫폼 내에서 자체적으로 걸러질 가능성이 높습니다. 그리고 유명하지 않은 영상의 경우, 현재까지는 특별히 내용증명이나 배상청구를 하는 일이 많지 않을 것으로 예상되지만, 향후 해당 영상이 유명해지고 조회수가 늘게 되면 분명, 분쟁이 발생할 것입니다. 하지만 연예인 초상권 분쟁과 같이 크리에이터 본인이 직접 이에 대한 대응을 하는 경우보다 그와 관련된 업무를 대리하는 기획사나 업체가 자연스럽게 합류하게 되는 경우에는 영상 자체가 유명하지 않다고 하더라도 걸러질 가능성이 매우 높습니다.

⑥ 과거에 올렸던 영상은 어떻게 해야 하나요?

내리세요....

제6장

마무리

규제개혁의 과제

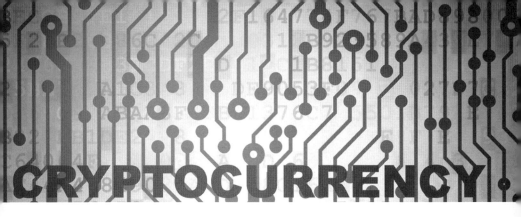

🅑 규제혁신의 과제

역대 모든 정부에서 늘 규제혁신을 외치고 있지만 대한민국 규제강국의 문제점을 근본적으로 바꾸어 놓지 못한다면 벤처, 스타트업들은 모두 고사하고 말 것입니다. 4차 산업혁명은 그 속도가 매우 빠릅니다. 법은 이를 따라 갈 수가 없습니다. 저도 법조인으로 4차 산업혁명에 발 빠르게 맞추어 가고 있지만 그 속도는 상상 이상이며, 이러한 흐름은 앞으로도 가속도가 붙어 제도권에서 이를 규제라는 틀에 넣고 있을 수 없는 시기가 올 것입니다.

벤처기업이나 스타트업이 강한 나라를 만들겠다는 것이 중기부를 포함한 모든 정부 담당자들의 슬로건이지만 그들이 신기술로 창업하여 제대로 싹을 틔우기 위해서는 규제혁신이 반드시 필요합니다. 즉, 산업이 발전할 때까지 일단은 그냥 두고 활성화되도록 하는 것입니다. 스위스처럼 일단은 하라는 것입니다. 그리고 그에 대해 문제점이 나타나면 그때 개선하면 되는 것입니다. 선 육성 후 규제가 되어야 합니다. 공무원이 부지런하면 시장이 죽습니다.

규제샌드박스 제도는 아이들이 모래 놀이터에서 마음껏 논다는 의미에서 가져온 규제혁신의 개념인데, 일단은 샌드박스 안에서는 뭐든 마음껏 할 수 있도록 해주겠다는 것입니다. 이렇게 되면 새로운 기회가 사전에 차단되는 것을 막을 수 있기 때문에 새로운 기술이나 서비스의 탄생이 원활하게 이루어질 수 있습니다.

규제샌드박스 신청은 사업자가 분야별 전담 위탁기관에 신청하고 전문 분과위에서 쟁점을 협의, 조정하여 규제특례심의위원회에서 최종심의, 의결하게 됩니다. 신청부터 최종 확정시까지 3개월 정도가 걸리는데, 규제샌드박스에 참여하는 기업이 유니콘 기업으로 성장할 수 있도록 벤처 중소기업 지원 정책수단과 연계되는 등 각종 혜택이 존재합니다. 규제개혁과 관련된 경험이 많은 전문가의 도움을 받아 규제샌드박스를 활용해보는 것도 새로운 비즈니스 모델을 탄생시키는 좋은 수단이 될 것입니다.

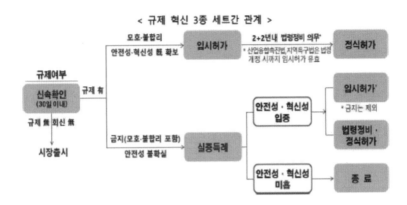

< 규제 혁신 3종 세트간 관계 >

(출처 국무조정실 '규제샌드박스 제도의 이해' 중)

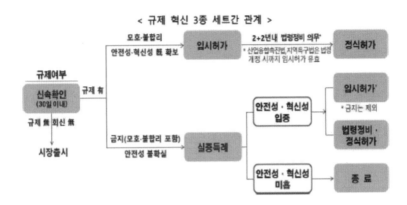 규제개혁을 바라보는 관점의 전환

정부에서 추진하는 규제개혁의 관점이 실질적이지 못하다는 것을 예로 들면 규제가 산업경쟁력에 미치는 영향력 등을 평가하는 시스템을 도입하고 이를 실시할 '기업규제 분석센터' 등을 신설하는 정책을 가지고 있으나, 실무를 하는 저자의 입장에서는 이러한 분석결과가 필요한 것이 아니라 규제개혁의 필요성을 외치는 단일 케이스 하나가 처리되는 프로세스를 놓고 이를 검토하는 정책이 필요하다고 봅니다. 그 과정에서 신속한 처리를 위한 패스트트랙 제도를 신설한다거나 규제와의 절충안이나 대안을 제시하기 위한 전문가 협의체 등을 운영하여 규제개혁 성공사례 누적이 오히려 더 필요한 부분이 아닌가 합니다. 즉 실제로 발생하는 규제관련 민원들에서 답을 찾아야 합니다.

　금융위의 경우에도 금융행정의 재량여지를 축소하여 투명성과 예측가능성을 제고하겠다고 핵심추진 과제로 밝히고 있으나, 부당한 인가등록 접수거부, 심사기관 도과 및 깜깜이 심사가 아직도 많이 문제가 되고 있습니다. 예를 들어 특금법상 가상자산사업자 신고제도는 단순히 신고접수 방식으로 되어 있으나 감독당국은 심사기간도 알 수 없는 무한정 처리 지연을 통해 감독권을 남용할 수 있으므로 이에 대한 확실한 조치가 필요합니다.

· 규제개혁·입법·행정·지방자치 전문가

　저자가 2018년에 출간한 '기업법무 제대로 알기'에서는 제4장에 규제개혁, 행정, 입법컨설팅 업무에 대해서 서술한 바 있습니다. 내용을 요약하면, 국회 입법 제정 및 개정 업무, 유권해석 관련 업무, 규제법령 제정 및 개정 업무, 헌법 및 행정소송 관련 업무까지 규제개혁을 위한 입법컨설팅 업무에 대한 구체적인 설명을 한 것인데, 자세한 설명은 '기업법무 제대로 알기'를 참고해 주시면 좋겠습니다.

기관	직위
기획재정부 공공기관 경영평가단	평가위원
국회 윤리심사자문위원회	자문위원
산업통상자원부 규제심사위원회	심사위원
국토교통부 규제심사위원회	심사위원
국무조정실 규제신문고 민간자문단	위원
대한변호사협회	법제위원
과학기술정보통신부 외국방송 재송신 승인제도 개정	법률자문
법무부 전국 창조경제혁신센터 담당 법무관들 교육	특강 강사
서울지방변호사회	지적재산권특별위원회, 세무업무대책특별위원회위원
대한변호사협회	국회담당 법조제도연구위원
(사)한국경영기술지도사회 법률제개정위원회	부위원장
한국공인회계사회	법무위원
정보통신산업진흥원 3D프린팅	법률제정위원
서울시 공유제도개선기획단	법률제정위원
국회 입법조사처 법제사법팀	법률자문
근로복지공단 산재보험연구센터 산재보험연구회 재활분과	연구위원
국회 산업위, 기재위, 정무위, 국토위, 문화위, 법사위 소속 국회의원실	법률자문
사이버테러방지법 제정을 위한 토론회	사회자
로봇융합연구원, 산업기술평가관리원, 에너지기술평가원, 산업기술진흥원, 전자부품연구원, 예술의전당, 철원군, 광물자원공사, 대중소기업협력재단, 삼탄, 아이에스시, 쌍용양회, 대한제강, 잡코리아, 다날, 타라그룹 제이디비엔터테인먼트, 로앤비, 한국스카우트연맹, 한국청소년연맹, 상명대, 인천대, 호서대, 중앙대 대학산학관리자협회, 대학기술이전협회 등 70회 이상 1만여명 대상	김영란법 교육강사
한국소비자원	정책자문위원
용산구 협치회의	부의장
행정자치부 지방자치단체 합동평가단	평가위원
서울용산경찰서 보안협력위원회	위원
이태원관광특구연합회 2017이태원지구촌축제준비위원	이사
강원도 철원군	고문변호사
경기개발연구원 경기도 민선4,5기 평가보고서 제안서 평가	심사위원
용산 전체 영남향우회	부회장
용산맛집투어 (용산맘까페, 동부이촌동커뮤니티)	연재
용산구 사립유치원 자율장학회	법률고문
용산구 출자출연기관 운영심의위원회	심의위원

규제개혁법무법제입법행정평가심사

지방자치

🅑 진흥법인지 규제법인지

2014년 "진흥법" 초안 작업의 책임을 맡아 진행한 적이 있었습니다. 당시 산업부 소속 규제개혁위원 등 각종 위원으로 활동하고 있었던 저는 정보통신산업진흥원(NIPA)에서 진행하는 "3D프린팅 발전법"의 법률제정위원으로 참여하였습니다. 당시 산업부와 미래부 사이에서 힘겨루기를 하다가 하드웨어는 산업부로, 소프트웨어는 미래부로 나누어지는 상황에서 미래부의 주관 하에 발전법의 초안을 작업했습니다. 그때 궁금했던 것 중에 하나가 3D프린팅이라는 것이 대한민국에서 아직 싹도 트지 않은 형편이었는데, 공무원들의 관심사는 시작부터 "규제"였습니다. 제가 만든 초안을 놓고 회의를 하는 중에도 규제와 관련된 조항에만 관심이 있었습니다.

예를 들어 총포도검 등을 3D프린팅으로 만들면 안 된다는 것입니다. 그건 너무나 당연한 이야기입니다. 총포도검은 관련 법률이 있어서 그것을 3D프린팅으로 만들든 손으로 만들든 만들어 쓰면 안 되는 것입니다. 그런데 굳이 그러한 규제 조항을 넣어야 한다는 것입니다. 발전법이나 진행법이라면 산업을 살릴 조항을 넣어도 시원치 않을 마당에 너무도 당연한 규정이 왜 들어가야 하는지 의문이 들었습니다. 관련 법률이 있는 당연한 규제에 관한 규정을 넣는 것은 무익적 조항 내지는 유해적 조항이 아닌가 합니다.

결국 2017년 시행된 현행법인 "삼차원프린팅산업 진흥법"에서도 해당 내용은 제16조 "삼차원프린팅서비스사업자는 삼차원프린팅 관련 기술을 이용하여 「총포·도검·화약류 등의 안전관리에 관한 법률」에 따른 총포·도검·화약류 및 「마약류 관리에 관한 법률」에 따른 마약류 등 사람의 생명·신체에 위해를 가할 수 있는 물품을 제조·생산하여서는 아니 된다." 로 명시되어 있습니다.

이후에도 진흥법과 관련된 저의 이러한 생각과 비슷한 취지의 주장들이 많이 생겨났습니다. 진흥이 아니라 규제를 위한 법률제정이라는 비판들이었습니다. 앞서 산업부와 미래부의 관할 문제와 같이 특정 부처가 예산을 받아 주도권을 행사하기 위한 목적도 그에 포함되다보니 부처별 업무 충돌, 권한 행사를 위한 규제 강화 등이 당연히 따라오게 되는 것입니다.

산업부 규제개혁위원으로 활동할 때 제일 많이 다루게 되는 영역이 에너지 영역인데, 에너지 산업이 가장 대표적인 규제 산업에 해당합니다. 예를 들어 신재생에너지의 경우 그 종류를 포지티브 방식으로 규정하기 때문에 이에 해당하지 않을 경우에는 각종 지원에서 제외되도록 규정하고 있습니다. 이러한 규제의 포지티브 방식은 향후 절대로 안 되는 것만 나열하고 그 나머지는 모두 가능하도록 하는 네거티브 방식으로 규정하는 것으로 모두 개정될 필요가 있습니다. 저자는 에너지법학회의 창립 멤버로 2022년부터 에너지 문제를 새롭게 접근하고자 합니다. 대한민국 규제강국의 문제점을 개선할 새로운 규제의 패러다임이 필요한 시점입니다.

ⓑ 규제개혁 케이스 검토

최근 반도체 부족에 따른 중고차 시장이 활황입니다. 중고차가 없어서 못 파는 상황이 되다보니 중고차 거래 플랫폼 시장도 급성장 하였습니다. 2019년 말경 제가 중기부에서 연구용역으로 규제개혁 사례들을 검토한 적이 있었는데, 헤이딜러(HeyDealer)라는 앱 서비스를 알게 되었습니다. 그런데 요즘 TV광고도 많이 나오고 해서 반가워서 당시 상황을 소개해 드리겠습니다.

고객이 헤이딜러앱 서비스를 이용하여 중고차를 등록하면 딜러들이 경쟁해 매입하는 혁신적 플랫폼(최근에는 흔한 플랫폼이 되었지만)으로 2015년 창업 1년 만에 누적 거래액 300억 원을 돌파하며 중고차 경매시장에서 두각을 나타냈으며, 안전한 거래 유도, 투명한 매입 경쟁 시스템 등으로 시장의 호평을 받았습니다.

그런데 2015년 12월 28일 '자동차관리법' 개정안의 통과로 헤이딜러와 같은 온라인 자동차 판매 서비스 또한 오프라인 서비스와 마찬가지로 영업장(3,300㎡ 이상 주차장, 200㎡ 이상 경매공간)과 사무실 등 각종 공간 확보를 해야 하고 이를 어길 시 3년 이하 징역·1,000만 원 이하 벌금을 부과하는 강력한 규제로 헤이딜러 및 온라인 자동차 경매 스타트업 서비스가 종료되는 사태가 발생하였습니다.

각종 매체 및 여론이 4차 산업혁명 시대의 스타트업 폐업 사태를 초래한 과잉규제를 보도하고, 졸속 법안 처리로 비난 여론이 거세지자, 국토교통부는 "자동차관리법 개정안이 온라인 경매의 특성을 충분히 감안하지 못하고 오프라인 경매와 동일한 시설을 갖추도록 했다"고 인정하며, 불필요한 부담을 완화해 제도 보완책을 마련해 시행하겠다고 밝혀 2016년 2월 헤이딜러 영업이 재개되었습니다.

여러분들이 지금의 중고차 거래 플랫폼 어플들을 이용할 수 있게 되기까지 이런 사연들이 있었다는 점을 알려 드리고, 이러한 정부 규제의 방향은 앞으로도 꾸준히 수정되어 규제 중심이 아닌 발전 중심, 육성 중심이 되어야 할 것입니다.

🅱 4차 산업혁명과 규제개혁에 관련된 저자의 입장

　가상화폐 ICO가 국내에서 붐업되자 2017년 9월 정부는 ICO라는 혁신에 금지라는 답을 내립니다. 저자는 관련 업종에 종사하는 변호사로서 ICO금지 이후에도 국내에서 수 없이 많은 사기 피해 사례들을 목격할 수 있었습니다. 무엇을 위한 ICO금지였는지 저자는 지금도 알 수 없습니다. 스위스는 ICO를 허용하고 관련 케이스를 꾸준히 축적하여 가이드라인을 냈습니다. 왜 우리나라는 그렇게 못했을까요? 정부는 5년이 지난 지금에서야 거래소 발행인 IEO 방식으로 국내 ICO를 허용하겠다고 합니다. 하지만 이미 늦었습니다. 국내 생태계는 파괴되었고 주도권은 싱가폴 등에 모두 빼앗기고 난 후입니다. 왜 이렇게 우둔한 짓을 하는지 답답하기만 합니다.

　저자는 위에서 소개해 드린 많은 직함으로 말미암아 국회 및 대한변협 등 4차 산업혁명 관련 토론회에 토론자로 나설 기회가 많았습니다. 그리고 항상 스위스 출장에서 느낀 규제개혁의 방향성에 대해 "규제가 혁신을 방해하여서는 안 된다."는 취지로 한 결 같이 목소리를 높여 왔습니다. 이 책을 마무리하면서 그와 관련하여 토론회 토론내용을 발췌해서 소개해 드리자면 아래와 같습니다.

(목적) 규제가 혁신을 방해하여서는 안 된다.

ㅇ 뉴욕 '컨센서스 2018' 컨퍼런스(뉴욕 최대 불록체인 컨퍼런스)에서 미국의 상품선물 거래위원회(CFTC) 집행위원장 제임스 맥도날드(James McDonald)

"우리는 건전한 금융시장을 양성할 의무가 있다. 하지만 규제기관으로서 유연성 있게 접근해야 한다는 것도 인식하고 있다"

규제개혁의 필요성

ㅇ 빅데이터 분야

- 우리나라의 AI·빅데이터 관련 기술력은 미국(100%) 대비 74.1%로 중국(75.3%)보다 열세에 있으며, 정보의 보호에만 치중하는 것은 사물인터넷, 위치정보서비스 등 다양한 신규 사업에 진입장벽으로 작용

- 우리나라의 경우 개인정보 활용 시 정보주체의 사전동의 의무화, 지나치게 포괄적인 개인정보의 범위 등 규제로 인한 데이터 축적·활용이 힘든 실정

ㅇ 3D프린팅 산업발전법 입법 당시 실제 사례

- 육성이 목적이 아니라 규제가 목적인 입법

(해외 사례) 규제를 바라보는 정부의 관점

ㅇ 스위스 FINMA 가이드라인

- 스위스 FINMA 규제 : 2018.2. 가이드라인

- 자금세탁방지법(AMLA) 적용 : SRO 가입 또는 금융중개인

- ICO 주최자가 채무상환 관련 없으면 예금이 아니므로 은행법 적용X

- Payment token, Utility token 은 증권X, 증권거래법 적용X

o 필리핀 카지노
- 마닐라 만 일대에 조성한 글로벌 카지노 기업의 대규모 복합카지노리조트 진출의 영향으로 리조트월드 마닐라, 오카다 마닐라, 시티오브드림 등의 매출이 지난해보다 10% 이상 증가 + 가칭 '블룸솔루션즈'라는 명칭을 걸고 1차로 비트코인을 칩으로 환전해 주는 가상화폐 거래소가 이달부터 환전영업을 시작하면 필리핀의 카지노 매출이 급상승할 것으로 전망

o 미국의 빅데이터 산업
- 미국 등 주요국은 개인정보를 가급적 좁게 해석(미국은 비식별 정보는 보호대상 제외, EU는 정보가 추가되어 실제로 식별된 경우에만 보호)하여 데이터 활용을 촉진(민간정보 또는 수집목적 외의 사용이 아니면 사후 동의도 가능)

(결어) 규제 개혁의 방법
o 규제 샌드박스의 취지
- 아이들은 마음껏 모래놀이를 즐기고 성을 쌓기도 하고 자동차를 만들기도 하면서 스스로가 상상한 모든 것들을 현실화시켜봅니다. 그것이 바로 규제 샌드박스의 취지이며, 이러한 인큐베이팅 시스템을 통해 신기술과 기존 질서의 충돌을 완화하고 점진적인 발전을 이루어 갈 수 있습니다.

o 기존 질서와의 충돌 해소
- 영국의 블랙캡과 우버택시의 충돌 사례에서 단순히 기술의 확장과 진보만이 정답이 아니라 기존사회의 질서와 조화를 모색하는 노력이 반드시 동반되어야 한다는 사실을 인식할 필요성이 있습니다.